陳振貴 著
實踐大學校長

# 大學倒了沒

## 大學教育和教授的未來

# 出版心語

近年來，全球數位出版蓄勢待發，美國從事數位出版的業者超過百家，亞洲數位出版的新勢力也正在起飛，諸如日本、中國大陸都方興未艾，而台灣卻被視為數位出版的處女地，有極大的開發拓展空間。植基於此，本組自二〇〇四年九月起，即醞釀規劃以數位出版模式，協助本校專任教師致力於學術出版，以激勵本校研究風氣，提昇教學品質及學術水準。

在規劃初期，調查得知秀威資訊科技股份有限公司是採行數位印刷模式並做數位少量隨需出版〔POD＝Print On Demand〕（含編印銷售發行）的科技公司，亦為中華民國政府出版品正式授權的ＰＯＤ數位處理中心，尤其該公司可提供「免費學術出版」形式，相當符合本組推展數位出版的立意。隨即與秀威公司密集接洽，雙方就數位出版服務要點、數位出版申請作業流程、出版發行合約書以及出版合作備忘錄等相關事宜逐一審慎研擬，歷時九個月，至二〇〇五年六月始告順利簽核公布。

執行迄今，承蒙本校謝董事長孟雄、陳校長振貴、黃教務長博怡、藍教授秀璋以及秀威公司宋總經理政坤等多位長官給予本組全力的支持與指導，本校諸多教師亦身體力行，主動提供學術專著委由本組協助數位出版，數量近六十本，在此一併致上最誠摯的謝意。諸般溫馨滿溢，將是挹注本組持續推展數位出版的最大動力。

本出版團隊由葉立誠組長、王雯珊老師以及秀威公司出版部編輯群為組合，以極其有限的人力，充分發揮高效能的團隊精神，合作無間，各司統籌策劃、協商研擬、視覺設計等職掌，在精益求精的前提下，至望弘揚本校實踐大學的校譽，具體落實出版機能。

實踐大學教務處出版組　謹識

二〇一五年一月

推薦序一

# 迎戰未來　永續經營

台灣大學教育走過數十年的歲月，其間的巨大變遷，若非局內人，實在很難以體會。近年隨著少子化的浪潮逼近，各大學莫不倍感壓力，身為掌舵手的校長尤其肩負使命，思考如何化危機為轉機，帶領學校走出一條不一樣的道路。

本書以一位大學校長的角度，從人才培育談起，到大學經營的考驗，大學評鑑、招收陸生、服務學習、國際化經驗與招生等議題，以及校長的叮嚀和個人求學經驗談，娓娓敘說心聲，在字裡行間，我們充分感受作者想要傳遞的那份對教育的殷切關懷，據以提供獨到見解，期盼優質大學造就更多一等人才，永續經營。

少子化問題，是目前大學經營面臨的一大考驗，非短期內可以解決，為減少其衝擊，擴大招收境外生是當務之急，包括外籍生、僑生及陸生，若卓有成績，兩岸高教與招生政策趨於穩定，在台灣各大學校院學生宿舍供應量充足的情況下，或可緩解少子化所帶來的浩劫。

大學評鑑制度，對大學經營亦有所影響，評鑑旨在確保高教品質保證責任，其有多項指標，實施多年下來，確是朝著比較理想的方向改進，但難掩些許缺失，評鑑工作究應如何公允執行，仍有討論的空間。

招收境外生凸顯出大學國際化不足的問題，它是學校開創生機的路，需要加快腳步。以實踐大學為例，為跟上國際化步伐，讓外國學生願意到台灣讀華語文，特別成立華語文中心，但未成立前免費提供外籍生華語文教學及輔導，藉外籍生使校園充滿國際化氣氛。又，為容納更多境外生，實踐大學在內湖租賃實踐學苑宿舍，以積極因應。

大學經營並非易事，除以上所提，還要正視其他問題與挑戰，尤須做好SWOT分析，明確學校之定位與願景目標，形塑學校院系所特色，並加強十大學校競爭力之因素：一、軟硬體建設，二、現代化設備，三、師生及員工素質，四、領導與組織管理，五、教學、研究、輔導與服務績效，六、財務實力，七、國際化成效，八、產學合作績效，九、和諧校園，十、畢業生就業率與校友表現。

大學未來之路，困難重重，但為者常成，奮力一謀，當可撥雲見日，再見光明。《大學倒了沒？》一書或可幫助我們解答上述的問題。欣聞老同事陳振貴校長出書在即，樂為之序。

總統府資政
中華文化總會副會長
林澄枝
二〇一五年一月

推薦序二

# 為台灣高等教育把脈

本書作者陳振貴教授，歷任靜宜大學、嶺東科技大學與實踐大學校長，在國內是位資深的大學校長。他與我同為彰化人，在我擔任教育部部長期間，他由靜宜轉任嶺東校長；二〇〇五年我接任中國醫藥大學校長到二〇一四年初卸任，與陳校長經常有機會一起參加各項會議及聚會，和他已成為相當熟識的教育界友人。

陳校長不但在出席的會議中勇於發言，也經常在報章媒體上發表有關教育與時事的看法。這次他以「大學倒了沒？」為題，針對大學因少子化所面臨的問題，提出不少高見。本書從大學教育的問題與挑戰談起，分析少子化與招生、學雜費調漲、大學與教師評鑑、大學退場等問題，接著談如何拯救大學，聚焦於人才培育、招收陸生僑外生及大學專業化等議題，最後則表達一位大學校長的內心話，包括陳校長的生涯點滴、志願服務歷程、非洲歷險記及其個人巧合的政治靈驗經驗談等，內容十分值得參考。

陳校長學經歷俱豐，很高興看到他在百忙之中，對台灣高等教育正面臨的最大問題與衝擊，提出可能的解決之道，並將其多年的經驗及意見集結成書，本人欣見此書出版，特為序推薦之。

教育部前部長
中國醫藥大學講座教授
黃榮村
二〇一五年一月

# 目次

## 第二篇　如何拯救大學？



## 第三篇　校長的內心話

# 前言

## 一個大學校長的內心話

過去這一段時間，台灣的大學處境、素質等引發很多的討論，爭議也很多，回顧我走過的路，從刻苦奮發向上的學生到教授、校長，我經歷了教改的歷程、大學的變革等，我把這些路程一一記錄下來，檢視來時路，也惕厲未來，希望能夠提供台灣的大學不一樣的出路。

回顧我的生涯，一九七六年我首次出國，八月十四日上午九時由松山機場搭乘韓航ＫＥ６０６經漢城、檀香山到美國麻省史密斯學院進修，開啟我的新人生也開始編織我的美國夢，三十多年來大舉三進三出美國，共在美國讀書與工作了十二年，一九九三年決定回國定居，一路走來也三出四進實踐大學，回首來時路，就如同在播放影片般，一頁一頁地躍入眼前。

## 大學到底在做什麼？

大學教育的目的在培養青年成為有用的社會公民，因此我從人才培育談起，到大學經營的考驗，大學評鑑、招收陸生、服務學習、國際化經驗與招生等議題，以及校長的叮嚀和我的求學經驗談，最後以一篇〈政治隨筆：巧合乎？我是章魚哥？〉個人神奇有趣的經驗跟大家分享。本書內容儘量避免太個人化，但這些話語中，蘊含著這幾十年來台灣大學教育的巨大變遷，我是局內人卻又冷靜地來看這大學的革命浪潮，平鋪直敘說出我的心聲。

累積的經驗不算少，早應將心得分類撰寫成書，和師生與社會賢達分享，但我每天忙於行政事務，數十年如一日，實在沒時間，更何況習慣上我寫東西不希望假手他人，因此遲遲沒出版關於自己的書。二〇一二年政大外語學院陳超明院長應聘到實踐大學擔任講座教授，他敦促並協助我完成此書，歷經二年終告完成。

## 精彩的生涯點滴

我的生涯中最辛苦的一年是在台中一中高三拼考大學那一年；第一次正式接觸跨國文化是一九七〇年在台南農業改良場教非洲農技人員訓練班中文會話；外文書讀最多的是拿全額獎學金在史密斯學院美國研究所讀書那一年；多元文化體驗最深的是一九八一年到加州巴莎迪納社區學院擔任交換教授那一年；最亮眼的事是一九九二至一九九三年，擔任鳴遠中文學校校長時與社區領袖發起聖蓋博谷區慶祝中國新年「四海迎春」大遊行擔任遊行共同主席；經歷過最大且最熱鬧的場面是一九九三年元旦扮演福祿「壽」站在Alhambra市花車參加玫瑰花車大遊行，向百萬群眾沿途揮手致意。

最艱險的旅行是二〇〇九年五月十四日至十八日西非之行由象牙海岸經塞內加爾到甘比亞那段旅程；最有意義的事莫過於撰寫《天主教福傳白皮書》並於一九九七年九月十一日發起創立財團法人天主教博愛基金會並歷任常務董事及董事長；最難為的經驗是擔任私立技專校院協進會理事長推動通過陸生三

法，及擔任台灣代表參加二〇一〇年四月在北京及十一月在台北的兩岸招收陸生洽談。

最特殊的兩位同班同學是高中同班吳敦義（現任副總統）和淡江歐洲研究所同學的張安樂（白狼）；最寶貴的經驗應該是擔任校長二十年，除了在美國南加州擔任鳴遠中文學校（含籌備學院）校長五年外，在靜宜大學、嶺東科技大學及實踐大學三所大學擔任校長已超過十五年。

## 大學倒了沒？

本書以「大學倒了沒？」為題，兼談一個大學校長的生涯歷程與內心話。面對二〇一六年起少子化的來臨，大學即將面臨空前的衝擊，有可能要倒閉，我希望這本書，能夠說出一些相關議題的事實與意見，針砭教育現勢，提供管見，讓優質的大學不但可以造就更多的人才，更可以克服少子化的危機，永續經營下去。

第一篇

# 大學教育的問題與挑戰：為大學教育把脈

# 1 大學做不好嗎？大學倒了沒？

這一兩年有關大學教育，被討論最多的是大學的素質，與大學畢業生的就業問題，以及大學可能受到少子化影響，會面臨倒閉的困境。但大學經營並非易事，大學之經營須做好ＳＷＯＴ分析，明確學校之定位與願景目標，形塑學校院系所特色，並加強相關的十大學校競爭力之因素：一、軟硬體建設，二、現代化設備，三、師生及員工素質，四、領導與組織管理，五、教學、研究、輔導與服務績效，六、財務實力，七、國際化成效，八、產學合作績效，九、和諧校園，十、畢業生就業率與校友表現。

## 少子化真的打敗了大學

少子化是學校面臨經營困難的重要原因，因為原來早期每年的出生人口數平均約四十萬人，一九八一年有四十一點一萬人，二〇〇九年出生人口只有十九點一萬人，以上推估，學生數整整少了一半。第一波的大學重大衝擊，會在一〇五學年度（二〇一六年）發生，學生人數減少最多，估計約五點四萬人，最少也會有三萬人，有多所學校會關閉。目前大學約有四萬名老師，屆時可能會有近千名大專教師失業，接下來的十年內，恐怕會有一百所以上的大學校院受到衝擊，六十所以上要關閉。一九九五年至二〇一三年台灣少子化情形可由表1-1及圖1-1略見一斑：

表1-1：1995至2013年台灣出生人口及就讀大一學年別一覽表

| 西元年別 | 出生人口 | 就讀大一學年別 |
|---|---|---|
| 1995 | 329,581 | 102 |
| 1996 | 325,545 | 103 |
| 1997 | 326,002 | 104 |
| 1998 | 271,450 | 105 |
| 1999 | 283,661 | 106 |
| 2000 | 305,312 | 107 |
| 2001 | 260,354 | 108 |
| 2002 | 247,530 | 109 |
| 2003 | 227,070 | 110 |
| 2004 | 216,419 | 111 |
| 2005 | 205,854 | 112 |
| 2006 | 204,459 | 113 |
| 2007 | 204,414 | 114 |
| 2008 | 198,733 | 115 |
| 2009 | 191,310 | 116 |
| 2010 | 166,886 | 117 |
| 2011 | 196,627 | 118 |
| 2012 | 229,481 | 119 |
| 2013 | 199,113 | 120 |

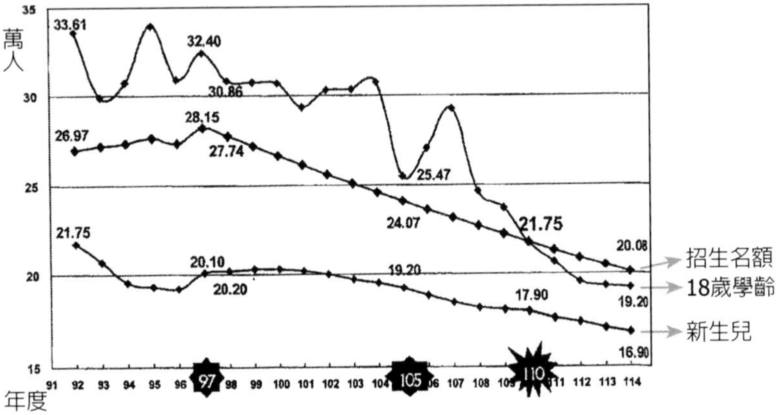


**圖1-1：新生兒、18歲學齡人口及大學招生名額趨勢圖**

## 公私立大學教育資源分配不均

談到大學生存的競爭，我想要談的就是私立大學的問題。這要從一九九四年一月五日，新大學法公布開始談起。

新大學法的主軸包括大學自主、教授治校等，這次的修法同時也開啟了教改之門，除了大學自主，也喊出要廣設高中、大學、研究所，大學入學管道也要多元化等。當時喊出這些口號後，政府也落實執行，從那時候開始，各縣市政府都朝著廣設高中職、大學努力。從數字來看，一九八四年時，

**表1-2：2013年台灣大專校院數統計表**

| 隸別 | | 校數 | | | 合計 |
|---|---|---|---|---|---|
| | | 公立 | 私立 | 小計 | |
| 一般校院 | 綜合大學 | 24 | 32 | 56 | 83 |
| | 獨立學院 | 0 | 5 | 5 | |
| 師範／教育大學 | | 8 | 0 | 8 | |
| 體育校院 | | 3 | 0 | 3 | |
| 軍警校院 | | 9 | 0 | 9 | |
| 空中大學 | | 2 | 0 | 2 | |
| 技職校院 | 科技大學<br>技術學院 | 16 | 61 | 77 | 91 |
| 專科學校 | | 2 | 12 | 14 | |
| 總計 | | 64 | 110 | 174 | 174 |

註：台灣現有高校174所（公立64所、私立110所），私立高校學生占68.39%。

大學只有二十九所，到了二〇一三年已增加到一百六十所，如果再加上軍校、警校、體育學院及空中大學，大專校院總數已達到一百七十四所，如表1-2。

以學生數來看，現在每年博士生有五千六百多人，不過，這只是一個年級的數字，有的學生，博士班一讀就是八年，博士生累積已有三萬多人；碩士生一個年級有五萬三千多人，累積三倍計算，在學碩士生已有十八萬人。大學生日夜間部約二十八萬人，因此大學的博、碩士生加上大學生，共有約一百三十五萬名在校生，其中一般大學、技職各六十七萬多人。

問題是一百三十五萬名學生中，私校占所有大學生的三分之二，學生約占百分之六十八，亦即近七成是私立學校，公立約只有百分之三十二，在這種情況下，教育資源分配卻是給公立的多，私立學校的少。這就是新大學法在一九九四年公布至今，引發的一連串教育發展的現象。接下來，我以觀察到的大學自主、教授治校、廣設高中大學、大學入學多元化等問題來探討。

二〇〇五年起，教育部以競爭性經費引導高教發展，開始有所謂的頂尖大學計畫、教學卓越計畫，其中，頂尖大學是五年五百億元，一年一百億；教學卓越計畫則分普通大學與技職體系兩大類，每年編列有五十億元，以申請頂大、教卓計畫的方式來讓學校競爭這些政府的經費。另外的獎助款照發，但它是以加重績效來核給的，數人頭的部分逐漸減少。

技職體系從二〇〇九年開始，教育部倡導所謂的「技職再造」，之後提出典範科技大學計畫，就是仿造大學教學卓越計畫的模式，但因為前者沒有投入原先規劃的二百億元，只有三億元，直到二〇一二年，教育部因為立法院及社會氛圍討論人才培育不落實、技職院校沒有發揮功能等，才又說要投入二百億元，因此一〇三學年度（二〇一四年）起技職院校的經費有增加，但無論如何補助、學校如何爭取，都會變成是競爭型計畫，學校要努力去寫計畫申請經費，拿到錢後更要按照計畫努力的去花錢。

我認為目前大學的經營面臨的三大考驗，第一是少子化，第二是大學評鑑，第三是國際化，大學要去面對或者應該強化這三方面的績效，才可以在劣勢的競爭下生存下去，不會面臨關門的命運。

目前台灣的大學不但面臨國內就讀人口銳減的威脅，也須面對國外學校來台招生與台灣學生選擇出國或前往大陸就學的衝擊。其因應之道在擴大招收境外生，包括外籍生、僑生，和陸生（全學籍生和研修生），如果因應得宜，大學或可躲過少子化所帶來的浩劫。

## 評鑑？評鑑？大學走向何處？

少子化問題是學校難以短期內解決的問題，但大學評鑑制度確是朝著比較理想的方向改進。

我從專科到技職到普通大學都有教學及行政經驗，對學校的評鑑運作也很清楚，專科的評鑑，是從一九七五年開始，那時的評鑑只是訪視，評鑑委員聽簡報、看書面資料，訪視完了就寫評語供學校做改善參考。這對學校來說，壓力並不大。真正對學校影響很大的是二〇〇三年八月成立台灣評鑑協會後，二〇〇四年七月開始大學的評鑑工作，二〇〇五年六月起啟動技專校院評鑑，但是財團法人高等教育評鑑中心基金會在二〇〇五年九月成立，從那時起，普通大學評鑑就由高等教育評鑑中心辦理，技專校院的評鑑則由台灣評鑑協會辦理。

高教評鑑中心從前教育部長鄭瑞城接掌董事長開始，即二〇一一年九月起，慢慢地想要把它當成是一個決策、或者是機制建立的單位，把實質的評鑑工作交給各合格認可的單位，包括台灣評鑑協會、中華管理科學會、中華工程學會（IEET）、華文商管學院認證（ACCSB）等，讓評鑑工作更為專業化。

我已經擔任兩屆的台灣評鑑協會的理事，也是上一屆高等教育評鑑中心基金會的董事，我任理事期間是從二〇〇九年到二〇一〇年，當時高教評鑑中心董事長是劉維琪，從評鑑協會到高教評鑑中心，我兩邊都有參與，對評鑑制度有相當的了解。

## 不同等級的標籤

評鑑制度的問題到底在哪裡呢？依大學法第五條，大學評鑑結果應該作為政府教育經費及學校調整發展規模、增減學生的依據。這就是問題的所在，評鑑結果與教育部要給學校的獎補助款、學生人數、學校規模綁在一起，讓學校的壓力很大，在技職體系分行政類與專業類評鑑，專業類即是院系所評鑑；普通大學分為綜合校務評鑑，及通識教育與系所評鑑兩類。

技職體系與普通大學的評鑑雖大致相同，但在一〇三學年度（二〇一四年）前技專校院是採等第制，大學是採認可制。我在擔任私立技專校院協進會理事長時，提案要求把等第制改為認可制，獲得通過，原來技專校院是四年一次、普通大學是五年一輪，本屆就改為五年，且改為認可制。技專校院採等第制，依評鑑等級給補助款。明明都是高教體系卻有不同的做法，我認為這樣分並不公平。

評鑑制度是要確保高等教育的品質，所以才要做評鑑，既然如此，高教的品質，就不應該分一般大學或技職體系，應該都是一致的，只是指標可以有所不同，制度面不應不同。

以舊有技職體系的評鑑制度論，第一年與第四年中間只有二年，如果評鑑未過，第二年又要追蹤訪評，與第四年只隔一年，學校根本沒有改善的時間就又要面對新的評鑑。評鑑是確保高教品質保證責任，國外是志願制，當然也可以由認可單位決定，但要評鑑學校是要付錢的。台灣是教育部撥錢給評鑑單位，由教育部付錢來評鑑，卻又與系所調整、經費補助相關，國外並未與這些「掛勾」，例如美國的大學是由六個區域性的認可協會執行，他們都很尊重各校依特色指標辦學。

美國的大學補助是由州或聯邦給予學生補助，符合政府的規定者去申請，不會給學校補助，辦學好壞自己處理，學費各校自訂，與教育部無關。美國的教育部不直接管大學，台灣教育部管得比大陸教育部還多，的確，教育部管太多了。像台大、清華、交大、成大等這麼好的學校，甚至淡江、輔仁、中原、實踐……等大學，根本不需要這樣「被動式」的評鑑。他們希望依大學自主精神，回歸大學自主，大學應受學術自由之保障，所以有一些大學會認為這樣的評鑑方式違反大學法第一條之精神。大學法第一條就是「大學以研究學術，培育人才，提升文化，服務社會，促進國家發展為宗旨。大學應受學術自由之保障，並在法律規定範圍內，享有自治權。」

## 「小媳婦」的技職院校

技專校院比較弱勢，教育部官員也對技職院校控管較嚴，相對而言一般大學的獎補助款比較容易拿。技職體系競爭得不得了，教育部要用競爭型的經費補助刺激學校的進步。這種做法對中低層的技專校院有必要，技職體系過去也確實有不少是有問題的，例如有些辦學太差，被教育部接管，還有是自家董事會出問題，例如姊姊與弟弟搶主導權，有些私立技職院校第一代、第二代吵吵鬧鬧，教育部就想出一堆措施要防弊，在防弊勝於興利與學校擴增之情況下，技職體系的補助款也少很多。以目前的學校數來看，技職院校有九十一所，一般大學只有八十三所。但補助款總額，一般大學卻比技職院校多得多。

評鑑看得出學校好壞嗎？評鑑在機制上，學校都會先有自評報告，要送給評鑑委員，委員會先詳讀，以了解學校的基本資料與自評的結果，評鑑不強調校與校的比較，是要看自己的進步，但事實上，校系之間不可能不比較。教育部在給獎補助款時，要給多少所學校、給多少經費，這時就要看評鑑的結果了。

評鑑有很多指標，但是這套制度執行下來，確已有一些缺失，例如有的學校會找人幫忙準備或寫評鑑報告，或者刻意人為地去衝某些指標性成果等，評鑑工作到底應該如何公正公平的執行，仍有討論的空間。

大學之存在本有其社會責任，應具體回應市場需求，引領社會發展，經過大學評鑑的要求，周而復始，但大學為爭取評鑑佳績，辦學不得不刻意配合評鑑指標前進，已成為一種追求評鑑狹隘的量化績效成果的工具；這一點的確值得大家省思。

## 不能再等的國際化

前面談到少子化問題，難以在短期內解決，因此為減少少子化的衝擊，學校不得不想盡辦法招收境外生，包括外籍生、大陸學生、僑生等。以實踐大學來說，學生來自十六個國家，外籍生有約一百五十多人，說實在占的比例不多，僑生有部分以外籍生身分到學校入學，約有三百六十多人，大陸生有四百零八人，有學籍的八十八人。

談到招收外籍生，就顯現出學校國際化不足的問題，招收外籍生、僑生、陸生，既是學校開創生機的路，需要加快腳步。

學校要國際化，首先要讓外國學生願意到台灣讀華語文，像實踐大學就成立華語文中心，但未成立前免費提供外籍生華語文教學及輔導，藉外籍生使校園充滿國際化氣氛。二〇一一年八月，實踐大學把祕書室國際組改成一級單位的國際事務處，下設國際組及兩岸組職責，編制各有三人，加上主管共有七人，可以專業地提供出入境手續及生活輔導等工作，舉凡國際及兩岸交流、姊妹校交流、華語教學等事務等皆由國際事務處處理。

另外，希望外籍生來的多，必須要解決宿舍問題。為此，實踐大學在內湖租一棟實踐學苑宿舍有二百六十床，以積極因應。再來是雙聯學制，英國Northumbria University、美國威斯康辛大學River Falls分校，雖有雙聯學制，但多數是我們學生去，他們學生很少來，歐洲德國、芬蘭、荷蘭、蘇俄一年也有

三、五十人會來，這些都仍有待努力。國際化要增加台灣大學的競爭力，在學生部分要加強基本外語能力；在老師部分，要加強國際化的教學成果，包括國際展演競賽、國際期刊論文發表等，我們每年都編列一千萬元左右的預算讓各院系去進行國際化的活動，它的成果還有努力的空間。

以實踐來說，為加強老師的語文能力，英語教學訂有獎勵辦法，鐘點費是老師職級的一點五倍，可申請兩門課，有小組審核學歷、國外經歷、上課情形等，要管控品質，IBA、IMBA及國際交流學程，用英文教課，但應外系不包括在獎勵範圍內。學校由教務長召集的小組審核，加上國際事務處要做品質的管控，師資在外籍師部分不好聘，六成都是留學回國的，像設計學院八成都是留美、留歐的，他們要教外國人都可以，只是英文說得不見得很標準。應用外語系、建築系、服裝系都聘有外籍教師，學校國際化要達到像香港、新加坡一樣水準，還有待加強，不但要有英文教學，還要營造網路教學、課後輔導環境等。

談到招生不只是招外籍生，陸生、僑生也是重點，我曾在二〇一二年十月二十七日參加在美國洛杉磯鮭魚返鄉的台灣教育展，當場來了很多華僑，想要了解如何讓子弟回台灣念書的問題。美國的社區學院讀兩年後要再讀大學時，一部分學生想要回台灣報名插大，因應這個情況，學校教務會議修改轉學或國外學生回台灣的轉學承認學分標準，修完三十六學分即可以升大二、七十二學分可升大三、一百零八學分可以上四年級。這些想到台灣讀大學的，以華僑子弟居多，有的是父親在台灣做生意，也有一些美國人喜歡台灣，經常到大陸、台灣做生意，想要把子女送到台灣讀書，所以這也是台灣私校在面臨少子化與國際化時，未來可以努力的地方。

## 大學分類　創造特色定位

除三大問題外，大學不但要積極經營，且應要分類發展，才能創造自己學校的特色，不論是以教學型、研究型或社區型大學為主，先要找到學校自己的定位才能進一步穩定發展。

一九九四年時當時的教育部長郭為藩，就倡議大學要分類，但到現在沒有人敢分類，教學型與研究型大學差別很大，但是你敢分類嗎？若是實用教學型，老師不但要做產學研究還要做科技部計畫，因為兩者難以明確切割，學校要發展自己的定位與特色須自己做區隔，可是要定位為研究型或教學型，沒有學校願意去做，因為牽涉太複雜了，這種聲音最後無疾而終。的確兩者難以劃分得很清楚，也不見得非要完全切割不可，因為大學之研究與教學只是一體的兩面，只有輕重之別，不可偏廢。

我認為學校的分類的確很難一刀兩邊切，但是從學校的特色發展來看，是教學型或研究型大學，各校需要定位清楚，有明確的目標。像實踐大學的定位是一所實用教學型大學，所以我們在教師評鑑的配分上，研究比例比較低，教學至少要占百分之四十，研究、輔導服務各不得低於百分之十。因為自己的特色而需要去做一些定位與分類，特色就可以很清楚的做出來。第二是「實用」，我們特別強調實用教學，重視實習、專題製作，學生的作品都是請在工作室或業界的老師來教或指導，所以是實用教學，強調學用合一與學生的就業競爭力。這樣清楚的定位後，學校可以發展出自己的特色，朝想要努力的目標去發展，可以創造學校的獨特的吸引力，對招生及學校發展都有利。

# 2 少子化與招生：生源何處尋？

## 如何解決生源？擴大招收大陸短期研修生、學籍生、僑外生

國內學生受少子化影響，學生數減少，為拓展學生來源，教育部也鼓勵各大學向國際生、陸生招生，只是想要招收國際生、陸生一定要有相關的準備措施，除了學校要有好的師資、國際化教學環境外，學生的住宿問題更是首當其衝。

實踐大學一直都有外籍生及陸生，困擾最大的就是住宿問題，學校常要為找學生的宿舍傷腦筋，除了既有的校舍，還在內湖租了學生宿舍，可以提供二百六十床。但這個數字顯然不夠，而且外籍生的管理是另一個頭痛問題。尤其國情不同文化相異，來自不同國家的學生各有自己的習慣與文化背景，好的會入境隨俗遵守台灣的法律規定、了解台灣的生活文化，有的則是讓人不易接受，學校就常要出面處理外籍生喧嘩、飲酒等問題，處理不當還易衍生糾紛。

為避免讓學生為外籍生住宿問題頭大，建議應該由政府出面，分區興建國際學生宿舍，可以讓數所大學共用，以解決國際生、陸生住宿問題。

學生來源部分，一定要提的是陸生，台灣招收陸生的政策採階段性、漸進開放及完整配套的基本原則，逐步推動實施。二〇一一年起，台灣開放招收北京、上海、江蘇、浙江、福建及廣東六個省市學生，提供二千一百四十一個名額供陸生來台就讀大學及研究所。二〇一三年增加湖北、遼寧兩省，名額增加至二千八百五十名，另外也開放九百五十五名大陸專科畢業生來台就讀二年制學士班，一年合計開放三千八百零五個陸生學位名額，二〇一四年招生名額增加為四千七百名，包括碩、博士班一千七百一十二名，四年制學士班一千九百八十八名（含公私立大學及科技校院，其中公立大學二百五十六個名額），二年制學士班一千名。此外，自二〇〇九年起大量開放大陸高校學生以校際交流交換或短期付費方式來台研修，當年有二千八百八十八人，二〇一三年達二萬三千零六十八人，二〇一四年學籍生及研修生人數已達二萬五千人；這對二〇一六年台灣少子化缺口已經補實一大半，台灣大學校院再加把勁，屆時除了避免不了的盤整外，台灣的少子化危機可望獲得解決。

對大陸學生而言，台灣的大學校院具有以下的領先優勢：一、教學品保機制完備：如有頂尖大學、教學卓越大學、典範科技大學、教學卓越科技大學等，且師資優異（一般大學具博士學位師資占百分之八十、技專校院占百分之五十二以上）；二、課程兼顧人文素養：如全人教育、品德教育、生命教育、服務學習等；三、專業領域卓越多元：如生物科技、精緻農業、奈米科技、半導體科技、電腦、通訊、醫學、文創、時尚、設計、管理、財經、一般理工等；四、技職體系（科技大學）發展成熟，不但有大學部，還有碩士、博士班。

另外，台灣大學校院學雜費便宜平均為香港的百分之三十五、新加坡的百分之十四，而醫學系僅為韓國的百分之三十，亦是一大誘因。

台灣的國際生，從二〇〇八年的三點三萬人到了二〇一三年增加為七點八萬人，成長了二點三五倍，教育部訂定高等教育輸出計畫，希望到二〇二〇年國際生可成長到十五萬人，其中有一部分是來大學附設華語中心學中文的。自二〇一〇年以來，國際生分別來自一百二十多個國家，人數前五名為越南、馬來西亞、印尼、南韓與日本。此外，二〇一三年僑生有八千四百五十四人。東南亞國家不論僑生或外籍生都有很大的成長空間，值得各校努力去招生。

## 建立特色，吸引國內學生、僑外生

解決大學經營困境，不只要考慮到生源不足問題，學校更需要建立特色，吸引學生就讀，以往坐著等學生上門的時代早已不在，各大學一定要發展自己的特色，才能在激烈的競爭中占有不敗之地。以實踐大學為例，這二十年的努力經營，讓實踐大學最搶手熱門的就是設計學院，學校就應以設計學院為重心，讓設計可以與各相關系所結合，實際的做法有二大重點：

第一是文創、商管的結合，光有好的設計概念卻不知如何行銷，會讓文化創意產業無以為繼，設計亦然。因此除了強化設計系所外，相關的商管、文創、民生、語言系所，都以設計學院為主軸發展，達成優勢共構，在管理學院設立創意產業博士班即是一例。

第二是要讓特色的發展內化，形成全校一致的目標，有共同的動力形塑成學校的文化與特色，達成典範轉移，這樣才能造成一種氛圍，也才能將特色大學充分發揮，不僅是要吸引國內學生，更重要是外籍生及大陸學生就讀。

# 3 學費面面觀：念大學划得來嗎？

## 學費「動不了」還是「凍不了」？

近幾年，大學校院只要提到調漲學雜費，都會引發校內外各方的抗議。以一〇二學年度國立政治大學為例，該校教務長詹志禹表示，政大自九十四學年度（二〇〇五年）起，已有九年未調整學雜費，由於水電費、健保費、兼任教師鐘點費等經常費支出日益增加，經營成本節節升高，以致近三年新聘師資零成長。為了提升教學品質，校方計畫於一〇三學年度（二〇一四年）調漲學雜費，增加的收入預計用來聘請師資及幫助經濟弱勢學生。但消息一出，立即引起學生反彈，還組成「政大學生反漲學費陣線」，在校內發起連署行動，強烈表達反漲學費的立場，由各校學生所組成的「反教育商品化聯盟」也聲援抗漲，成為媒體報導的焦點。

但政大表示，該校經費來源有限，仰賴政府補助與學雜費收入的比例很高，可是政大的頂大經費不到台大的十分之一，而學雜費占政大總收入百分之二十四至百分之二十八，比起台大僅占百分之十二、陽明大學占百分之十，比率偏高，若補助未增加、學雜費又不能調漲，可能會陷入困境。因此，政大已依程序舉辦公聽會蒐集師生意見，並經校務會議通過學雜費收費標準調整案，研究生學費從二〇一四年八月開始調漲百分之五，平均每人每年多繳一千五百元，新舊生都適用，估計五千多人受影響，校方一年可增加七百九十萬元收入。因調漲研究生學費只需報教育部備查即可，政大此案為一〇三學年度公立大學調漲學費的首例。

至於大學部學雜費，政大擬調漲百分之一點五，學生每人每年多繳七百五十元，將影響上萬人，校方一年可再增加約七百九十萬元收入。但因程序延宕，未能及時向教育部提出申請，政大研議一〇四學年度（二〇一五年）再實施，不過須教育部審核通過才行。

在私立大學方面，世新、淡江、實踐三校於二〇一三年底申請調漲一〇二學年度第二學期大學部學雜費，過程中各校學生抗議頻傳，還有立委關心、

「全國家長團體聯盟」表態反漲，加上助學金未達獎助學金百分之七十之規定或程序未臻完整等問題，審議結果教育部並未通過三校調漲案。

不過，實踐大學也擬調漲一〇三學年度（二〇一四年）研究所入學新生學雜費，遭學生批評校方大學部學費漲不了，就拿研究生開刀，不公平。但實踐碩士班收費每人每年比其他學校少一萬六千元到二萬六千元，多年未調整，經費已不敷使用，且碩士班非義務教育，學費應回歸市場機制，反映教學成本。教務長黃博怡也指出，實踐研究所起步晚、人數少，過去缺口多靠大學部盈餘支持，但隨著發展漸上軌道，應有更穩定的財務來源。

實踐碩士班學費調漲方案已召開公開說明會，經校務會議、董事會通過，並報教育部獲同意備查在案，適用於一〇三學年度（二〇一四年）入學新生，舊生則維持原收費標準。碩士班漲幅約一成，學生每人每學期多繳四千多元；碩士在職專班收費方式則由「雜費+學分費」改為「學費+雜費」，雜費上調百分之十，學費總額也有所變動。調漲後估計影響三百人，學校一年可增加三百多萬元收入，將優先用來改善教學設備及作弱勢助學金之用。

自金融海嘯後凍漲多年的大學學雜費，每年都漲聲不斷，但在社會壓力下，教育部嚴格管控調漲，使各校面對物價逐年上漲的情況頭痛不已。如果學雜費一直不能依市場機制調漲，受影響的不只是學生的教育品質，十六年未調漲的兼任教師鐘點費亦難以全面調整。儘管教育部宣布從二〇一四年八月起公立大專校院兼任教師鐘點費調漲百分之十六，但私立大學校院協進會暨私立科技大學校院協進會學校皆表示，實在很難比照調漲。

「動不了」的學費困擾各校多年，「凍不了」的趨勢終於讓教育部開始鬆綁，二〇一四年共有十四所大專校院提出一〇三學年度學雜費調整申請，其中八所（三所國立、五所私立）經核定可以調漲，二所漲幅為百分之二點零六、六所為百分之一點三七，調漲金額約二百七十六元到一千零五十三元之間。

雖然反漲學費聲浪依舊，前行政院長江宜樺也呼籲各大學應該要「慎調學費」，於二〇一四年八月初接任教育部長的吳思華，正是在任內推動學雜費調漲的政大校長。他在上任後表示，高教資源不增加，受害的還是學生。他認為學費應有常態性調整機制，但調漲須符合兩個條件，包括調整後支出透明、可受檢驗，以及調整前取得校內共識並走完程序，幅度則以不超過前一年物價上漲率為原則。

依據「專科以上學校學雜費收取辦法」第五條規定，教育部「應參酌學校教學成本及受教者負擔能力，依行政院主計總處每年公布之消費者物價指數年增率、平均每戶可支配所得年增率，受僱員工薪資年增率及其他相關指標，核算每年學雜費收費基準調整幅度」。未來大學學費是否能在合理的範圍內「動而不凍」，值得觀察與期待。

## 難解的學雜費問題

學雜費多寡關係學校的財務，但大學學雜費調整問題一直爭吵不休。若大學校院不能調漲學費，在現在物價飛漲的時機，學校的經營的確很辛苦。其實教育部對學雜費採嚴格管控政策，實踐大學已有五年未調漲學費，實踐大學日間部的學雜費一學期只有四萬二千元到四萬八千元是全台灣最低的，一學期比其他大學少收四千至八千元，因為早年考慮到學生的負擔，沒有調整，結果因為教育部的政策，一直無法再調高，用複數累積下來，實踐的學雜費反而低於其他私立大學，所以如果無法再調整對學校來說是虧大了，以一年一

萬五千名學生數計算，一年少收一億六千萬元，對學校建設影響很大。（參見表1-3）

與世界上的大學比較起來，台灣是低學費的，即使以國民所得來比較，也是低的。我最近曾到南加州大學（USC）參訪，該校一個學分就要一千四百元美金，等於實踐大學一學期的學雜費。台灣到美國舉辦的「鮭魚返鄉」教育展（招收華僑學生到台灣念大學）為何反應熱烈？其中一個原因就是學費考量。在美國，非本州學生學費要比該州學生高三倍以上，很多州的學分費是八百到一千美元，美國佛羅里達州立大學是一千零五十美元，有的甚至高到一千八百美元，因為美國教育部對各校學雜費是採取市場機制，USC是比照哈佛、史丹佛大學收費，所以收費很高。以麻省理工學院為例，一年要五、六萬美元學雜費，加上生活費等於要七、八萬美元，在美國讀大學，學費的確是很高的。

由此就可以比較出台灣是低學費的，前教育部長蔣偉寧上任後研究要調漲大學學雜費，但當時馬總統第二任剛上任，經濟情況不好，特別成立一個常態性學雜費調整專案小組，研究常態性的調整機制，後來雖有研究出甲、乙、丙三案。甲案以消費者物價指數年增率為調漲機制，可惜時機不宜。乙案是以個別學校未來一年預定的每單位學生教學研究、訓輔成本年增率來決定調漲。丙案以由學校提計畫申請，但不論是哪一個案，都是要調漲學雜費，因此遲遲未定案。

以實踐大學來說，學校完全依法行事，依照教育部的一項統計，在九十九學年度（二〇一〇年）時，一般公立大學學雜費收入約占學校總收入的百分之十七點七；公立技職院校約占百分之二十九點一。一般私立大學約占百分之五十四點一，私立技專校院學雜費收入則約占學校總收入百分之六十九點三。以實踐大學來說，約占六成，學校還有些推廣、財務收入，另外還有產學合作、科技部研究案等，但學校獲益不多，除薪水、日常開支外，學校還要興建硬體建設，像本校圖書館與體育館大樓前後費時六年才蓋好，就花了十二點七億元。

支出部分，學校至少每年還要保留約百分之五，作為學校硬體建設或資本門更新折舊，公立或理工科學校的設備，不可能不換，我們商管、設計學院，也是動輒要數百萬元的設備費用，又不能不花。其實只有極少數經營不善的私立學校才有可能利用技巧，把收入的學費放在私人的口袋，但這幾年教育部要求大學實施內控制度，查核很嚴格，這種情形應已不太可能存在。

人事費用部分，老師的薪資每年依評鑑績效晉級，職員則依考績結果晉級，除非評鑑丙等，否則每年都應依薪級升級，沒有人敢不調薪，這是制度上本來就設定的，不能凍結在原地不動。另外正常年終獎金是一點五個月，學校也不能不給。這些支出都相當龐大，學校叫苦連天，但只要談到大學學雜費調漲，民間就一陣反對聲浪，政府也不敢答應調漲。因此大學學雜費調漲已不是採取哪一案的問題，其已成為政治議題，教育部應該尊重市場機制，放寬各種限制才對。

例如學校的不同系所可以有不一樣的收費標準，像設計學院就應可以收較高的費用，但現在只能以工業類收費，並沒有很高，一旦收費回歸市場機制後，學校要想維持就要有好的教學品質與口碑，才能招到學生，反之，如果學校不好，即使學費再便宜也難以招到學生吧。

## 要付出代價的大學教育

台灣不是福利社會，所以我們不可能像德國，學生讀書都免費，因此應朝向市場機制。台灣的大學都是非營利的，基於這個理由，政府不宜管制太多，常態性的學雜費調整方案應以接近市場機制的算法來報核。

有一些國家的大學是可以營利的，像大陸的私立大學可以營利，這些學校除基本開銷外，投資人可以分紅。不可否認，極少數學校藉著興建建築蓋大樓等，拿回扣等，已是公開的祕密。但其實私校法規定，董事會都不能拿錢回去，包括學校退場時，只能改作公益用途，投資人也不能賣掉校產將所得作處分。

為杜絕私校弊端，教育部從法令規定、內控制度、會計師稽核等都查核得很嚴格，私立學校不能從中牟利，但種種限制下的衝擊是讓大學的基本開銷經費短絀，董事會不會再投資，又不能回收，學雜費如果繼續凍漲，學費是否足以支應各種開支，會是個大問題，即使勉強夠支應，學校也難以有經費再繼續建設或更新設備，這樣對學校對教育的發展非常不利。

在討論大學學費問題時，曾有人建議可以發給教育券，美國科羅拉多州在二〇〇五年時，曾實施「高等教育機會補助」教育券方案，由州政府直接補助公私立大學生一千二百至二千四百美元不等的學費或八十美元的學分費，目的在提高弱勢學生的入學率。但是州教育局報告指出，執行結果未能達成預期目標，已在二〇一〇年針對該方案檢討修正。

事實上，各大學都有助學貸款、弱勢學生助學計畫、工讀生獎助計畫等，都是要讓弱勢學生有機會順利讀大學，顯示私立學校也盡全力要照顧弱勢學生，但台灣不是福利國家，學校要生存就不可能不收取合理的學費，如何合理的收費，讓所有人享受優質的大學教育，這還有得討論與做出更好的決策。依據大學法第三十五條規定，「大學向學生收取費用之項目、用途及數額，不得逾教育部之規定。」如果要鬆綁大學學雜費，則非得先修改大學法不可。

102學年度（2013年）私立大學校院學雜費收費基準一覽表-大學日間部

| 校名 | 工學院 | 理、農學院 | 商學院 | 文、法商學院 |
| --- | --- | --- | --- | --- |
| 實踐大學 | 48,875<br>音樂系 | 48,740<br>設計學院 | 42,515 | 41,890 |
| 銘傳大學 | 53,383 | | 46,201 | 45,288 |
| 義守大學 | 55,373 | 54,232 | 47,994 | 45,405 |
| 中國文化大學 | 53,390 | 52,950 | 46,425 | 45,735 |
| 中原大學 | 54,870<br>設計學院 | 54,360 | 46,060 | 46,060 |
| 淡江大學 | 54,720 | 54,260 | 47,590 | 46,880 |
| 逢甲大學 | 54,970 | 54,520 | 47,820 | 47,080 |
| 輔仁大學 | 55,350 | 54,890 | 48,140 | 47,430 |
| 東吳大學 | 56,460 | 55,990 | 49,110 | 48,370 |
| 東海大學 | 56,289 | 55,820 | 48,951 | 50,510 |
| 大同大學 | 54,170 | 51,670 | 47,120 | |
| 大葉大學 | 51,770 | | 45,020 | 44,380 |
| 中山醫學大學 | | | | 45,502 |
| 中國醫藥大學 | | | | |
| 中華大學 | 50,615 | | 44,020 | 43,358 |
| 元智大學 | 56,040<br>55,530 | | 48,910<br>48,400 | 48,190<br>47,680 |
| 世新大學 | 56,914 | | 49,252 | 48,283 |
| 玄奘大學 | 50,978 | 50,978 | 46,258 | 45,568 |
| 佛光大學 | 48,720 | 48,720 | 42,700 | 42,700 |
| 亞洲大學 | 54,980 | 54,870 | 47,800 | 48,250 |
| 明道大學 | 52,780 | 52,780 | 45,740 | 45,740 |
| 法鼓佛教學院 | | | | 42,394 |
| 長庚大學 | 44,307 | | 38,528 | |
| 長榮大學 | 52,740 | 54,740<br>56,000 | 46,210 | 45,150<br>50,730 |
| 南華大學 | | | 46,597 | 44,865 |
| 真理大學 | | 51,940 | 45,560 | 44,870 |
| 馬偕醫學院 | | | | |
| 高雄醫學大學 | | 52,688 | | 45,514 |
| 康寧大學 | 53,234 | | 45,991 | 45,473 |
| 華梵大學 | 52,380 | | | 44,870 |
| 開南大學 | | 54,324 | 46,243 | 45,685 |
| 慈濟大學 | 54,230 | | | 46,831 |
| 臺北醫學大學 | | | | |
| 臺灣首府大學 | 47,038 | | 44,010 | 42,099 |
| 稻江科技暨管理學院 | 53,979 | 53,580 | 46,880 | 46,182 |
| 興國管理學院 | 43,489 | | 43,489 | |
| 靜宜大學 | | 51,874 | 45,496 | 44,811 |

*資料來源：實踐大學研發處

# 4 大學現場：學生在念書還是打工？

## 大學生的教室觀察

台大前校長李嗣涔在任內時曾指出台大有一種不良的風氣，就是早上第一節來上課的同學很少，因為同學晚上熬夜上網，早上爬不起來。他期許大一新鮮人「早睡早起」，記取「一日之計在於晨」明訓，但台下學生還是抵不過瞌睡蟲睡成一片。

近年國際競爭越來越激烈，人人憂心未來的工作到底在哪裡，台灣大學生的程度自然就成為大家討論的話題。中央大學認知精神科學研究所所長洪蘭曾發表文章痛批台灣大學生的上課情況，對象還是台灣第一志願的台灣大學醫學院學生。洪蘭教授指出，台大學生上課遲到又隨意進出、啃雞腿、吃便當、開筆電看連續劇、趴在桌上睡覺，甚至吃泡麵等種種誇張行為，令人無法想像這樣誇張脫序的畫面會出現在知識殿堂。

洪蘭教授的文章引發熱烈的討論，批評者有之，指洪蘭太誇張有之。我以自己實際到教室觀察的情況來看，實踐大學學生上課的表現沒有像洪蘭教授描述的那麼不堪。就「到課率」而言，學生仍不少是姍姍來遲、隨意進出，甚至曠課不來，最後被扣考。遲到的次數也不是只有一、兩次，某些課堂，上課幾乎都會有固定一批同學晚進教室。上課隨意進出教室不只影響講課老師，也嚴重影響其他學生的上課權益。如同到音樂廳、演藝廳看表演，過了入場時間，遲到的只能等到中場休息時才得入場，而不是想進出就進出。

另一方面，就「學習態度」而言，巡堂時，發現同學上課不是那麼專心的聽講，有的滑手機、有的聊天、有的打瞌睡或趴睡，但是鮮少看到如洪蘭教授所提到的，「同學上課吃便當、啃雞腿」，除了只有少數進修部的同學因為上班接上課的緊湊行程，而沒能在課堂前用晚餐，所以用課堂正式開始前的幾分鐘迅速解決。

一〇一學年度（二〇一二年）起，實踐大學由管理學院開始實施「810早鳥計畫」，每系大四生至少排一門必修課在早上八時十分上課，實施情況良好，目前全校各系已競相仿效，大大改善早上第一節課起不來上課的毛病。

## 學習態度影響學習行為

大學生上課精神不好、不專心，導致學習效果不佳，我觀察了解大概有三點：第一是學生打工或熬夜上網，大學生的經濟壓力可能來自於家裡本身環境或是為了交際零用費，因此多數學生都會選擇打工。但是有些學生觀念不正確，只看到眼前的打工薪資而荒廢學業，造成本末倒置的情況。或者沉迷於網路世界，看連續劇、打線上遊戲、逛網路商店等，而導致睡眠不足，隔天上課頻頻打瞌睡。

第二點就讀科系與興趣或能力不合，大學生必須經過考試、或面試、書面資料審查等才能被學校錄取，有些學生沒有進入自己理想的科系，因此對於自己就讀的科系並未抱有熱誠、毫無興趣。學生也可能面臨到能力不及的問題，像是指考分發，由於學生只經由考試進入學校，部分學生因為運氣而考出超越自己程度的成績，而被分發到他能力不及或沒興趣的學校科系，這樣學生會念得非常痛苦，學習中沒有成就感，挫折感極大，最後放棄學習，失去學習動力。

第三點學生對未來尚無明確目標。我認為有無明確的目標是最直接影響學習動力的原因之一，學生若對於未來有明確清楚的目標，為了目標而去了解這個目標所需具備的條件和能力，學生就能更有目標的準備，像是選些對目標有幫助的課程，當然也就對自己所選的課程會有較大的興趣。部分學生尚未找到明確的目標，而不曉得自己為什麼而學，為什麼而努力，反而認為現在所學對未來沒有多大的幫助，就因此放棄或只求低空飛過，如果目標不明確，上課學習情況想必也就不認真、不積極。

## 談競爭力、學習力和創造力之比較

前面提到三個導致上課情況不佳的原因，必須要針對問題提出因應對策。其中最重要的就是提高學習動機，提高學習動機的方式可從無形和有形兩種方式切入，也就是內在學習動機因素和外在學習動機因素。

學生的學習動機受內在與外在因素所影響，內在因素主要在於學生有無生涯目標，有努力目標的學生往往會發自內心主動用功學習。而外在的因素很多，譬如，同儕的競爭，師長的要求與激勵，老師上課內容、課程設計及班級經營的成功與否，甚至系所院校的整體政策與校風都會影響學生的學習動機。因此，要提升學生的學習動機，可從內在與外在因素著手作因應。

談學生競爭力，最直接的方式就以圖書館使用的情形來看，以大陸、美國和台灣三個地區相比之下，台灣的學生還有待加強。

我曾經留學美國並前後旅居美國十二年，美國大學生一般而言，既會玩又會讀書，該玩的時候玩，該讀書的時候讀書，他們不只把圖書館當作K書場所，更會利用圖書資料寫報告作研究，平常圖書館人來人往，到考試期間，學生往往開夜車到清晨者大有人在。

大陸學生從開學就會占滿圖書館，他們不只會利用圖書館資料寫報告作研究，更把圖書館當作K書中心。除此之外，在大陸因為大學生幾乎全部住校，每天清晨在校園可看到各個角落都有學生在讀書或朗讀英文。

台灣的大學生打工的很多，而且熱衷於社團活動的也不少，和大陸學生比起來較活潑且有創意，但用功程度則比不上陸生。各大學在大一時即會實施圖書館利用教育，教學生如何使用圖書資源，尤其是利用網路資訊寫功課作研究。整體而言，以圖書館使用的情形來看，大陸學生最用功，美國其次，台灣的大學生的確有待加強。

# 5 × 教授失業？大學的教授評鑑制度

## 大學增太快、產業跟不上，是二十二K禍首

四一〇教改今年滿二十一周年。前行政院長江宜樺表示，大量擴充高等教育對於台灣有深遠的負面影響，「要再讓教育部長把大學塞回去，我相信他不敢。」必須加速產業轉型、加強產學合作，才能避免教育、產業雙輸。

反服貿學運後，江宜樺院長指出，當初推動教改者希望普遍提高台灣民眾學歷，藉由人才素質提高，拉高生產品質及商品價值；但是當一個國家中，每個人都念到大學以上，企業界仍需技職技術人才，找不到基層工人，就只能引進外籍勞工，最後外勞又被批搶台灣人工作。

大專院校不可能重新降格、恢復成技職專科學校。因此，我們只能根據社會需求，逐步調整大學系所招生名額，大學碩博士班如果削減太快，很多老師

會失業，老師沒有課可以教，造成社會動盪。另一方面，則要讓產業轉型速度加快，如果台灣掌握關鍵技術，甚至打造品牌，讓年輕人才的創意反映在商品設計、行銷通路拓展上，或讓大學生取代技職生、站在生產線上。大學應加強產學合作，提升學生對市場的敏感性和創業技能，才不會畢業後滿腹經綸，卻無法被公司所用，讓教育、產業造成雙輸的局面。

政府官員不一定比青年更了解國家，也不能因為年紀差距就否定青年的想法，而應更重視和正視青年的焦慮，調整施政措施。大學數量擴增太快、產業跟不上變化，是造成今日大量學生低薪主因。

二十年前廣設高中、大學，大學畢業生人數從一九八四年的二萬八千人，到二〇一三年已經成長到二十三萬人，占同齡人口比率也從百分之八點四，一路成長到百分之七十。勞動部訂五類職業類別，第一類是基層技術工及勞力工，第二類為技藝、機械設備操作員，第三類為技術員及助理專業人員，第四類為專業人員（工程師），第五類為主管。適合大學學歷從事的是第三與第四類，真正從事適合自己學歷的第三類技術員和第四類工程師的工作人數，只占大學畢業生的六成；且這兩類技職缺數十多年來都沒有增加。反觀卻有近四成的大學畢業生從事不需要大學學歷的第二類操作員工作，大學生應從事第三、四類產業，但大學生太多、產業未跟上轉型，逼得大學生必須向現實低頭，學歷瞬間貶值；另一方面台灣以中小企業為主，產業最欠缺的是勞力工、作業員或體力工，大學生又不願意做，故嚴重缺工。年輕人深層憂慮就是低薪、高房價，若要讓年輕人有學習熱情，大學該減量，讓部分技職院校、大學轉型或退場。

## 學生銳減，私校退場，教授也面臨失業海嘯？

二〇一六年起十年內，大學學生來源會少四分之一，必定有私校退場，若有心解決此事，應整合教育部、科技部、經濟部、勞動部，將此當成「國安問題」來處理。二十年前教改提出的「廣設高中大學」，造成如今學歷貶值，的確，應有人出來負責。一九九六年起許多專科升格為大學，產業卻未同步升級。十年後大學學生來額將少四分之一，應有四分之一學校轉型或退場。屆時預估會有八千多位大學教師失業或被迫轉行！

隨著少子化的來臨，二〇一六年，大專院校專任教職員的失業潮，就會像海嘯一般地來臨，又快又猛，這趨勢至少會持續十三年，這是需要嚴肅面對的議題。

根據內政部的資料，十八歲的人口會從二〇一四年的三十二萬人，降到二〇二八年的十六萬人。目前大專院校的專任教師約有四萬七千位、職員有三萬五千位，教職員共八萬二千人，若是大專院校的生師比（公立是十九，私立是二十四）和錄取率（將近百分之百）不變，二〇二八年專任教職員的人數會降為一半，剩下四萬人。未來的十多年，每年平均減少二千五百個員額。扣除屆齡退休的人員後，每年可能超過一千五百人失業。其中教師超過一千一百人，博士學位者八百人，這麼多博士失業，令人難以想像，屆時如果有博士因為失業而跳樓，即將成為社會頭條新聞！

## 現今教師比例與大學教師主要工作

少子化的來臨勢必導致學生減少，大學教師也會隨之減少。最近三年大專學生總數大致維持一百三十五萬人，但大學教師人數已每年遞減約百分之一點五。九十九學年度（二〇一〇年）大學教師有四萬八千零五十一人，一〇二學年度（二〇一三年）降為四萬六千七百零七人。以一〇二學年度（二〇一三年）為例，教授一萬一千二百五十九人（百分之二十四點一一），副教授一萬五千零九十九人（百分之三十二點三三），助理教授一萬三千五百七十八人（百分之二十九點零七），講師六千七百七十一人（百分之十四點五）。

整體而言，大學教師正教授占四分之一，副教授占三分之一，助理教授約占十分之三，講師占七分之一，但其分配的比例各校不一。依照大學法規定，大學一級學術主管須由教授擔任，系主任係由副教授級以上教師擔任，因為有些系副教授以上師資不多，又有些沒意願或不適任，因此不少學校的系主任由助理教授擔任。

大學教師的工作包括：一、教學，二、研究，三、輔導服務。普通大學，特別是研究型大學的教師特別強調研究，包括科技部研究計畫、政府單位或民間企業的產學研究計畫等。因為研究計畫不但有收入而且有助於升等及學術地位提升，所以不少教師終日忙於做研究，難免影響教學。

其實教學是大學教師的主要工作，如何提升教學品質，顯得非常重要，的確，教學成效是各大學行政的主要目標。因此，各校不但實施教學評量，其是由上課學生直接對老師的教學評量；同時各校實施教學評鑑與教師評鑑。

## 私大教師評鑑變相逼退教師

據了解有多所私立大學、技專校院的教師評鑑問題重重，老師的教學能力被量化計算，就連招生、學生就業的行政事務也成為教學評鑑加減分的項目。不少學校的教師評鑑其實是「形式化教學能力評鑑」，老師必須詳細記錄教學細節，就連何時上網登錄成績與課程進度都加以規定。此外，「發展學術淪為衝論文點數」，有些大學依據不同等級的期刊或國內外研討會的差異，給予不同分數。教師評鑑也不斷增加老師的業外工作，有些老師必須對招生負責，除了到高中職宣傳，還要打電話給錄取生，確保報到率，退學率、招生率也成為評鑑指標。非但如此，學生就業狀況與證照張數，也要老師負責，某校規定：老師需輔導十位以上學生取得乙級或中高級以上的證照，或是要老師鼓勵學生考取專業證照，每張加二分，考上國立研究所每名加四分，私立研究所每名加三分。同時，老師還要為學校募款，有些學校在評鑑項目內規定，捐款達到三千元，可加一分。某大學的產學計畫採分段累進計分，五到十萬元，每萬元一分，十到三十萬元，每萬元一點五分，一百萬以上，年度免評。大學教師評鑑以技職體系實施最為嚴格，因為技職體系為了提前因應少子化，將教師評鑑作為規範老師的工具。其實無論論文或產學合作等評鑑項目，各校皆是由各學院依其專業，自行訂定標準，至於某校規定產學合作經費達一百萬以上，便可免評，是因為學校非常注重產學合作。學校制訂相關辦法時，是希望透過教師評鑑，提升學校績效，吸引更多學生就讀。一般而言，各校教師評鑑未通過率都是個位數，目前很少老師因為未通過教師評鑑遭解聘，學校依程序需先輔導未通過者，而非直接解聘。

其實，我認為大學教師評鑑是有必要的，教師不應排斥，建議對內一視同仁，才會發揮積極作用，對外則是對家長、學生、社會的公信。對研究型大學，尤其是五年五百億大學，更應該嚴格評鑑。台灣研究型大學建立了評鑑制度，藉此維持或提高老師們的學術水準，但其實教師評鑑並未達到大學高水平的手段，評鑑最大缺點是讓老師以評鑑通過為目的，但學術貢獻有限。評鑑本應多元化，例如，著作專書類別應擴大，人文學科的教師除了學術論文，應容納教科書專書與普及性書籍，若是外語學院教授應納入其翻譯著作等。

除評鑑與升等制度外，應輔以配套措施，例如由資深教師帶領新進教師，每名新進教師都需申請一名「薪傳教師」，透過學校教學發展中心依其教學領域媒合資深優秀教師，在產學合作、學術研究、教學實務方面協助新進教師。教師升等的要求比全面性教師評鑑更高，因此需要薪傳教師協助。過去國內大學重研究輕教學，此現象與制度設計有關，評鑑制度和升等制度須針對教師適性制定。此外，評鑑不能扭曲資源配置，也不能抑制多元發展。升等項目應反映學校的任務與該教師過去的貢獻，但目前國內太過於強調ＳＣＩ、ＳＳＣＩ論文期刊數，忽略各領域的差異，以同樣模式與框架套用於每個受評鑑教師，是不妥的。研究型大學仍應以教學優先，如果大學不以教學優先只做研究，那就有失教師的本分。教師評鑑「應考量如何恢復教師的榮譽感，如何讓學術重新成為學校的靈魂」。

## 第二篇

# 如何拯救大學？

# 6 建立有效的大學退場機制 兼談大學董事會的功與過

## 大學開始倒閉？

屏東永達技術學院因積欠教師薪水，部分老師在校內拉布條抗議，另一所也在屏東縣的高鳳技術學院，借貸七百多萬無力償還，校產遭查封，上百件設備被法拍，這兩件個案敲起大學倒閉與退場的響鐘，兩校相繼宣布停辦，退場或轉型。為因應這個問題，教育部擬定「輔導私立大專校院改善及停辦實施原則」，如招生人數少於三千人且近兩年新生註冊率低於百分之六十，最近一次校務評鑑未通過或系所評鑑有三分之二以上未通過，積欠過半數教職員薪水三個月以上，或有違法事實等，只要符合其中一項，就將專案輔導，限期改善，若限期內無法改善，就予以整併或轉型退場，至少已有七所大專院校被教育部列入轉型退場輔導名單，其中可能包括學生人數在三千人上下的興國管理學院、大漢技術學院、台灣觀光學院、蘭陽技術學院、亞太創意技術學院、育英護理專科學校及高美醫護管理專科學校等。

教育部長吳思華上任後，新訂「專科以上學校維護教學品質應行注意事項」，增設大專院校教學品質管控機制，未合格者將扣減獎補助款或招生名額，加速後段班學校之退場。

只要學校有下列情形之一者，教育部得對其進行教學品質檢核與輔導：

一、有教育部「輔導私立大專校院改善及停辦實施原則」第二點所訂各款情形之一者（詳如前段）。

二、各學制、年級之系、科或學位學程修讀學生人數低於三十人，且該類系、科或學位學程數達全校系、科或學位學程總數二分之一以上，但停招或新設之系、科或學位學程不在此限。

三、有關事證，足以認定有損害學生受教權益情事者。

退場是最不得已的做法，教育部應以更積極的態度與作為面對這一波衝擊，帶領大學走出倒閉的紅海，使各大學得以永續經營。

## 退場？還是倒閉？

開南大學校長高安邦在二〇一一年出版一本《大學差很大》，提到台灣的大學大概會倒一半，引起嘩然，包括一些傳統的大學深不以為然。

我前面曾提過，大學法修法在一九九四年一月五日公布施行後，加上教育改革浪潮，一時之間，大學、高中紛紛增設，包括五專改制為技職院校等，到二〇一三年十月，台灣的大學校院已多達一百六十所，其中包括體育校院、軍警校院及空中大學，但未包括十四所專科學校。台灣的出生率從一九九七年到一九九八年驟減五萬四千五百五十二人，直接影響到一〇二學年度（二〇一三年）高中職、五專的新生及一〇五學年度（二〇一六年）的大學新生人數，到一一二學年度又減少七萬人，之後每年人數繼續下跌，這就是所謂少子化問題的來臨。

大學校院的學生數在二〇一三年時，全部是一百三十四萬五千九百七十三人，這包括了博士生、碩士、學士、二專及五專的學生。

大學校院增設的結果是學校品質良莠不齊，加上當時增設學校時，未能考慮到台灣會有的少子化問題，以致造成學生人數減少，如果再不想辦法，到二〇一六年時，第一波估計要少三萬多名學生，屆時台灣約有二分之一以上的學校會受到影響，甚至三十所以上要關門，到二〇二三年第二波時，可能有三分之二（一百所）以上的學校受波及，六十所以上要關門退場。

教育部雖曾有過要求相關院校同質整併、體系整併或者區域性大學校院整併的計畫，但推動並不十分理想，真正整併成功的只有：一、嘉義大學（嘉義技術學院（原嘉義農專改制）與嘉義師範學院），二、東華大學（合併花蓮教育大學），三、台中科技大學（台中技術學院與台中護專），四、國立屏東大學（國立屏東教育大學與國立屏東商業技術學院），五、台北市立大學（台北市立教育大學與台北市立體育學院），六、國防大學（合併政治作戰學校），七、法鼓文理學院（法鼓佛教學院與法鼓人文學院），八、康寧科技大學（康寧大學與康寧醫護管理專科學校整併中）等校。其他都卡在各自的學校校務會議未能通過，而未能通過的原因又以到底要如何整併？是要以誰為主體？為主。

在蔣偉寧擔任教育部長期間曾對大學整併、轉型與退場作了具體規劃，在私立大學校院轉型與退場方面，針對人數低於二千人且辦學績效不佳的學校鎖定六所私校，以輔導轉型為優先，轉型不成則協助退場。至於公立大學則朝整併方向努力，原則上同一縣市有超過二所公立大學，而其中一校人數少於一萬人就會協調整併，當時鎖定新竹、台中、台南三縣市六所公立大學，將逐一整併為三校。

我認為，教育部應該要拿出魄力，尤其可以先從公立大學校院開始進行，有效地找出各校的特色，針對區內的學校進行整併作業，當然事前要有充分的分析及溝通，才能讓大學校院有效有系統的整併，也才能讓大學校院提供最好的教學品質，避免招不到學生的窘境。其次，公立大學不論校數或學生人數皆約占總數的三分之一，在整併之後，大型國立大學亦應帶頭瘦身，減少學生人數，如此亦可減緩少子化對私立大學帶來的衝擊。

## 需要有效的大學轉型與退場機制

整併大學校院只是解決少子化造成學校招生困難的方法之一，另一個需要面對的是，如果根本無法整併，又招不到學生時，只有退場。退場又以私立學校首當其衝，可是如果要私立學校宣布「倒閉」，又會牽涉到教師權益、學生受教權等問題，且董事會投資血本無歸，有的學校就根本以拖待變，不會積極去處理退場問題。

教育部與內政部不久前曾討論到，讓私立學校可以在退場後，處理私校校地，但立即引發是否圖利私校的爭議。我認為，要讓私校退場，的確需要誘因，不過，需要有周全的配套措施，在維持私校公共性之原則下，教育部須與內政部、財政部共同會商，擬定退場私校校地變更及校產處分辦法。

依據私立學校法第七十四條規定，學校法人解散清算後，除合併之情形外，其賸餘財產之歸屬，依下列各款順序辦理。但不得歸屬於自然人或以營利為目的之團體：

一、依捐助章程之規定。

二、依董事會決議，並報經法人主管機關核定，捐贈予公立學校、其他私立學校之學校法人，或辦理教育、文化、社會福利事業之財團法人。

三、歸屬於學校法人所在地之直轄市、縣（市）。但不動產，歸屬於不動產所在地之直轄市、縣（市）。

四、直轄市、縣（市）政府運用前項學校法人之賸餘財產，以辦理教育文化、社會福利事項為限。

因此，教育部不可能在私校解散、清算後，讓創辦人或董事拿回全部或部分賸餘校產。但依上述規定及教育部公布「高等教育制度鬆綁行動方案」之精神，本人建議教育部可開放大學轉型經營多元的事業，包括：

一、老人照護：如日照中心、樂齡大學、銀髮學院、養生村等。

二、職業訓練：如引進企業專案培養（訂單式培養）、特定型態學院、其他職業培訓等。

三、兒少照顧：如兒童故事館、體驗館、育幼院、托兒所、親子館、托嬰中心等。

四、社會住宅。

以增加大學轉型退場之誘因，並為少子化來臨做好準備。

此外，教育部已著手修改「專科以上學校及其分校分部設立專科部高職部變更停辦辦法」，未來一千八百人以下的學校校地面積可由五公頃下限改為二公頃，其餘空間可以租售，不論出租或出售都須提報教育部核准，且租售所得皆須回歸學校。

## 私立學校招生不足的原因

第一是辦學不力，教學、師資、設備差，地點偏遠，學校不受家長、學生肯定，是影響招生的基本原因。第二就是我前面提到的少子化問題。第三是雖然因為少子化導致部分私校招生不足，但其實有些影響是心理因素造成的。少子化的「冰山效應」自五年前即開始，從偏遠學校、技職院校、新設大學、進修部、非熱門科系先萎縮，再過二年後至少會有五分之一的私校（約三十校）招不到學生，半數以上的大學科系會有缺額。

辦學不力的私校理應退場，有少數高中職即已退場，但大專校院都會盡力苦撐不退場（如以減薪、減福利、欠薪或裁員等方式）或抗拒退場的主要原因實為退場誘因不足。私立大專校院都是「非營利」、「財團法人」；創校或接辦之初，董事會以「捐資興學」名義辦學，依「捐助章程」設校，因此依原法規退場後，校產只能捐給國產署或地方政府。二〇〇七年私校法規定，私校退場可轉為文教或社福機構，但基於事實考量，轉型不易，誘因也不強。因此，政府須修改私校法，改變私校捐助章程規定，讓校產可彈性使用，依比例回饋學校董事會，才有誘因。

## 圖利私校董事會？

針對私校退場的爭議，教育部唯恐招致社會批評，圖利私校董事會，遲遲不敢啟動。前內政部長李鴻源主張「應有誘因」等方法，仍難以平息爭議。

如果教育部能會同內政部、財政部、勞動部，將校地變為商業價值高的地目，我認為只要學校能變更地目為商用，且依土地市值拿回一成以上，已有獲利，就可以大大增加退場意願，但如准領回六至八成確實太高，會造成「利多」甚至「搶退」潮，因此這個比率不能訂得太高。因為確實有的私校，由原來的董事長傳至第二代、第三代，原本辦學的精神已不在了，少數還因為家族間的爭產，讓學校經營不穩定，但如果讓校地可以變更為價值較高的用地，又可以分回，不符合公平正義原則，因此需要有相關退場門檻及審查機制。

退場門檻：依教育部研訂之「私立大專輔導改善及停辦原則」（二〇一〇年早已訂定「私校退場預警制度」）辦理。

至於哪個單位來評鑑？依上述停辦原則，應由教育部組成輔導改善及停辦小組去評鑑，將訪評結果送教育部執行。同時，很重要的是私校退場時，教職員及學生之安排與權利保障，包括：

一、鼓勵私立大學合併，但要防止陸資藉機併購學校。

二、變賣校產所得，須先清償債務、發放教師薪資，作轉型基金使用。

三、至少須於一年前作解散預警；教職員方面：教職員在退休、撫卹、離職與資遣方面權利與義務大致相同，唯教師多受一層教師法之保障（第十四條），須經教師評審委員會三級三審通過才得作成決定，教師屬契（聘）約制，有自主權，學校可協助其轉聘，或由教育部建立轉介平台協助轉聘，職員最好也能比照辦理。學生方面：可自主轉學，或由學校協助轉介到其他學校就讀。

## 如何避免掏空校產？

我認為要避免不肖校董惡意掏空校產，要做到以下幾點：

一、學校如要變更校地使用標的，只能依都市計畫法進行，回饋計畫只限都市計畫土地；而私校土地現況包括私有和租地（主要是向台糖承租）、偏鄉或市區土地，校地回饋非一體適用，處理方式可有不同，不肖校董不一定全可動手腳。

二、依私立學校法，董事捐資者人數原少於三分之一，現都已是第二、三代了，人數更少，分給未出資者也是不公平。

三、土地使用標的之變更手續繁複費時，有些學校可能會退場在先，變更在後。教育部可對私校退場制訂短中長期目標，與土地變更一起納管。

四、教育部應組私校退場監督小組，設公益監察人及董事，要求財務公開，維持私校公共性。換句話說，錢先清償債務、資遣教職員，用於轉型，之後才依規定比例回饋學校董事會，否則會引起校董家屬見錢內鬥訴訟。因此，教育部須監督退場全部流程（SOP），如有違法則應依法究責辦理。

另外，私校也可以進行整併，例如立德大學與康寧護專的整併就是一例，一些性質相近的私立學校應可以研商整併為一所大學，這就有如企業購併般，只要學校的董事會通過，行政作業依法辦理，學生及教職員權益要周全照顧到，私校的整併應是一個解決問題的選項之一。

不過，在退場整併過程中，除了要保障教職員及學生的權益外，大學教授自己也需要面對可能被資遣或失業的命運。因此老師也需要未雨綢繆，訓練自己的第二專長，想好職涯的另一條出路，甚至要改變對事物對人生的價值觀，以安然度過可能的危機。

## 如何解決教授失業問題？

為因應並解決大學倒閉潮帶來的教授失業問題，教育部打算把它當成「高級人力重新分配」的轉機來操作，其方式包括：

一、轉介教師到企業界，協助企業研發。

二、獎勵教師創業。

三、輔導教師轉進公部門服務。

四、協助教師到海外（含大陸）辦學、授課、研究等。

我十分贊成與支持教育部的規劃與做法，建議教育部把學校輔導教師到企業實習及轉業的成績列入各校獎補助款指標，也可以編列專案計畫經費由各校來申請，如此較有可能具體落實，解決大批教授失業的問題。

## 遭詬病的私校董事會

一所私立大學校院辦學的好與壞，與董事會能否健全的運作及董事長或其代表人之作風與作為，關係十分密切。因為校長是由董事會聘任，但校長的治校理念是否可以充分施展，又與董事長或其代表人管理方式息息相關。如果兩者理念與作風相似，則校務可順利推展，否則則會產生衝突，如發生校長與董事長或其代表人不合，校長則占下風，短則一學期，長者撐滿一任則會藉故求去或不再續任。

台灣私立大學校院之設立旨在響應政府鼓勵私人捐資興學，依私立學校法第十條及學校財團法人捐助章程訂定準則之規定，訂定大學捐助章程，並據以設立董事會，選聘校長，監理校務。

目前私立大學董事人數在七到二十一人不等，各校董事會的運作方式與做法不一，大致可分為三類：一、董事長親理，二、委由駐校董事負責，三、由董事長或創辦人親屬以學校行政主管或執行長名義負責監理。

私立大學校院的監理校務方式大致也可分為三種：一、放任式：由校長負全責；二、集權式：由上述三類董事長或分身掌控全局，校長須定期面報大小事務；三、折衷式：校長負責綜理校務，執行董事會之決議，只有重大事項才需作呈報。

有不少家族式的大學，特別是技職院校多屬集權式管理，自從二十年前新大學法公布實施後，校長採任期制，除非董事會聘用自己人擔任校長，否則董事會或其分身大都會直接或間接干涉校務，造成董事會過度管理學校事務之情形。

此外，董事長、董事、監察人為無給職者得酌支出席費及交通費，如需支領報酬時，應由董事會聘為專任，但不另支給出席費及交通費，以三人為限。學校法人依規定須聘任監察人，監察學校之財務、財務帳冊、文件、財產資料及決算報告等；並依法設置內控制度。董事或監察人執行職務有利益衝突者，應自行迴避。

現在大學校務龐雜，學校要面對各種不同的挑戰，校長的工作是一種功德，一個大學校長不但要有眼光與胸襟，懂得校務的整合、規劃、執行與管考，更要有一百分的ＩＱ、ＥＱ及忍耐的功夫才能有效地帶領一所學校，面對董事會迎接各種挑戰。一個校長如何在不同校園文化存活並領導一個學校，的確是一門大學問，其關鍵往往是在於董事長或其代表人如何與校長相處，以及校長的適應度，合者共創雙贏，否則其成敗與功過可能兩者皆須承擔責任。

# 7 從人才培育談起　人才哪裡尋？

從大學教育的困境來看，牽涉到的就是人才培育的問題。解決人才供需問題，需採多管齊下的解決方案：

一、拉高層級，由行政院領導跨部會做人才培育專案研究，並提出解決方案。

二、重塑實用型一貫教育，落實學用合一，使大學生畢業即可就業。

三、多管道主動做就業媒合。

四、留才與攬才同時並進。

二〇一二年八月八日《聯合報》頭版新聞，大篇幅地報導時任行政院政務委員管中閔對人才的看法，令人擔憂。

## 國日衰，民日弱　令人憂心

「國日衰，民日弱，不旋踵之間，國將無可用之人。」當時擔任行政院政務委員的管中閔套用清朝大臣林則徐描述鴉片問題的說法，表示台灣再不積極解決人才困境，不出三至五年，將淪為三流國家。

管中閔在科學技術發展諮議會以「如何面對台灣的人才危機」為題演講，指出台灣過去的確有人才優勢，但早已在「吃老本」。缺乏吸引人才的整體環境，使台灣人才「入不敷出」，加上民粹「為淵驅魚」，見到高薪者就當肥貓，等於把人才往外推。

他指出四大危機：人才供需落差、教育體制偏差僵化、人才培育不符需求及國際人才競逐失利；他表示台灣一年有近三十萬名大學、研究所畢業生，卻大都「高不成，低不就」，到業界不會操作機器，也無法做尖端研究。

此外，台灣「內憂外患」夾擊，人才流失、爭取不到國際優秀人才，內部則大學抱怨經費不足、限制太多，老師抱怨評鑑制度、學生抱怨找不到工作，產業抱怨大學訓練的學生不符所需，社會抱怨大學生的知識、能力及國際化程度不足。

「當社會上大家都在抱怨，當然須檢討。」管中閔說，教育體系多樣化、建構多元評鑑指標，讓各類型大學發展出特色；並強化一般型、技職型大學生的實用技能，「不適合的大學就退場」。

管中閔也提出中長期振興經濟藍圖，政府將從以往傾全國之力扶植少數明星產業模式，轉變為扶植更多掌握關鍵技術、核心中堅企業；參考德國、瑞士經驗，取代以往明星模式的規劃戰略，宣示「三年半內一定會見到成效」。「兩兆雙星成效如何大家心裡有數」管中閔說，台灣不能再走老路、把有限資源置於少數籃子。

## 解決人才供需落差問題：有無良方？

對於管中閔的隱憂，因為我平時接觸的面向，從學校到產業界，大家也都會討論這個問題，我自己把相關資料彙整後，提出解決建議方案，當時《經濟日報》曾以半版的篇幅報導。因為目前台灣經濟陷入困境，人才危機成為社會討論的焦點。大家都開始關心人才問題，依管中閔的觀點，他指出台灣有四大危機：人才供需有落差、教育體制有點僵化、國際人才培育不符需求、國際人才競逐失利等。

回應管中閔等人的憂心，教育部當時曾指出，人才問題根本在教育，為解決台灣人才問題，教育部制定國家人才培育白皮書，於二〇一三年十二月公布。二十二位白皮書指導委員會委員針對四大主軸做深入研議：一、國民基本教育（K-12）；二、大學教育；三、技職教育；四、國際交流及人才布局。當時蔣偉寧部長強調白皮書不只點出問題，同時也是行動計畫。

## 如何解決：多管齊下、找出問題

除了教育部的官方說法，我自己也提出解決建議方案如下：

**一、拉高層級，由行政院領導跨部會做人才培育專案研究，並提出解決之道：**包括教育部、科技部、經建會、移民署、勞動部等，就個別單位涉及的部分做跨部會研究與協商，可由教育部承辦此業務，編列足夠科研、教育、培訓經費，修改相關法規如科技基本法、移民法等以為因應。

**二、重塑實用型教育，縮小學用落差**：具體做法可包括延聘業師共同教學、教師赴公民營機構實習增加實務經驗、實施三明治教學、安排課程要求學生到業界實習給予學分及做實務專題、業界參訪等。教育部原規劃九十九學年度（二〇一〇年）起要編列二百億實施「技職再造方案」，後因經費未獲准而停擺，二〇一三年教育預算高達二千零四億，此方案已在技職體系重新實施，其實它的落實學用合一之做法也值得普通大學推動，對縮小學用落差勢必有幫助。此外，由勞動部職訓中心或雇主提供必要的訓練，以彌補學用之不足，也是可行之道。

**三、多管道主動做媒合**：人才在哪裡、工作在哪裡、如何適才適所等問題，需要多管道努力一起進行媒合才可有效解決，包括業界雇主、畢業生（人才）、學校及勞動部、教育部等。

**四、留才與攬才並進**：用足夠的薪資與福利留住現有人才，並以彈性薪資方式延攬國際專才。

台灣的人才問題涉及整個經濟環境、國際與兩岸競合、產業結構、教育制度與評鑑、學校課程與教學、就業輔導等諸多環節，只要能做全面性的調整或改變，相信不久即會有所改善。

## 人才落差問題剖析

其實人才供需落差，跟人才培育不符需求息息相關，又跟台灣的產業結構變化有關，這幾十年來，台灣已由勞動密集產業轉為服務業為主的經濟結構，服務業已占我國GDP的七成四，製造業出走到大陸、東南亞找尋廉價的勞工。台灣反而是服務業蓬勃發展，但還沒有像高科技那麼高的經濟價值，因此相對的薪資會降低，變成現在多數年輕人畢業後，不像以前勞力密集的時代或者以經貿為主的時代，人才需要的多，尤其是國際貿易、傳統產業等，需要的人手比較多，較容易找到工作。

以我自己為例，我從成功大學外文系畢業後馬上到台北就有工作。我研究所畢業後選擇當老師，在二十六歲時當大學講師，我大部分的同學都選擇到企業界或當中學老師。那是一九七〇年代，外文系畢業生可是很搶手的。貿易公司很需要外語人才，大學生一畢業出來，尤其是英文系的學生，都很搶手。即使大學不是讀外文系的學生，但只要有英文基礎，進入職場經過一點點調適就可以勝任了，所以仍然受到企業界歡迎，而當時學校講師的月薪約六千元新台幣。

那是台灣經濟起飛的年代，現在的大學生畢業可是不一樣了，以前勞力密集的小公司、製造業、進出口業、工業密集的小工廠，有勞工密集做後盾，支援勞工，供應鏈息息相關，加上加工出口區都是在做這樣的工作，學生畢業後一定有工作，而且還有好幾個工作可以挑選，外文系更可以挑好的或跨國的企業，像早年美國在台灣設的跨國公司，薪水不算低且需要的人才量很大。

## 二十二K的惡夢

所謂人才供需落差，在轉型過程裡，讓畢業生能夠就業的工作，大約只剩下作業員、服務、餐飲、廣義的金融、觀光、醫療服務或金融服務，會有比較多的職缺。整體來說，這些行業薪資比較低，相對於往年同一行業來說，十四、五年來薪資都沒有調漲，最重要的是，九十九學年度（二〇一〇年）起，教育部推出大專畢業生至企業職場實習方案，方案一至九項，媒介九十六至九十八學年度（二〇〇七至二〇〇九年）畢業生待業者至企業機構實習。辦理期程為二〇一〇年九月一日起至二〇一一年五月三十一日止，大學畢業生每人每月補助二點六萬元，實拿二點二萬元。學校找一個企業合作由學校付錢，而且企業每人每月可以獲得一萬元補助，等於不用自付薪水就可以免費多雇用一個人，用意是希望企業在畢業生實習後能留用。

但執行下來，企業留用率不高，且後遺症是，變成大學畢業生應拿較高的薪水，例如最低應可以拿到的月薪二點八萬元，卻被拉低到二點二萬（二十二K），原規定要做滿一年，亦即學校要去找企業進用，一定要做滿一年，其中有九成達到目標。

這項措施的立意不錯，遺憾的是變成台灣大學畢業生可拿到的月薪是二十二K。但之後台灣景氣更差，政府以為是好意的政策，到一年後，大概只有一至二成被留用，多數學生還是要自己再去找工作，雖有達到當時的目的，也解決金融風暴留下的失業率偏高等問題，這是當時的權宜措施，學校與企業合作，學生有實習機會，企業也很高興不出錢可以多一個人可用，可惜執行下來卻走了樣。

## 職涯設計、測驗的重要

人才供需落差，學校培育不符合企業需求嗎？我倒是認為，這真的很難說，我在一九八一年到美國加州Pasadena City College擔任交換教授，有機會到全校三十二個單位進行教育行政實習一年，在學生職涯發展中心做平生第一次性向測驗，做了一個多小時的測試，使用的是ＳＩＧＩ測評軟體，除測出自己的性向、適合就讀科系與可從事行業外，ＳＩＧＩ軟體更提供各行業未來五到十年全州及全國就業市場需求人數供參考，當時測出我的性向結果是我是適合社會科學，與我的志趣與發展是相符的。

我的感想是，一個人的性向應該要從小時候就被發現，像吳季剛，吳的媽媽很早就發現兒子愛洋娃娃、捏陶等，到美國讀高中時，ＳＡＴ等的成績不夠，但技術設計很好，申請哥倫比亞大學雖不行，但因為他的技術設計有天分，因此申請進入Parsons設計學院，二十二歲就有作品，二十三歲就開始創業。這都是因為有位很支持他的好媽媽，一路培養他，陪著吳季剛學習成長，讓他的天分與興趣可以盡情發揮。

性向測驗在人才培育裡面要扮演非常重要的角色，且要從小例如中學到大學一路跟著走，現在有職涯測評，在應徵工作時，應該附上測評的資料，讓雇主也知道你適合做什麼。美國教育的理論是，一個人應該是至少讀到十四年級，即社區學院（二專）畢業就足以應付生涯所需，但後面要終身學習，不論是社區學院畢業要再讀二年的大學，或高中畢業直接讀大學，都可以。一般人多選擇讀大學，全美國約有三千多所大學，還有約一千五百所社區學院，社區學院可以在大學中做調控，應付生涯所需的轉換。美國的社區學院扮演著學習的調控角色，台灣的學制就是缺乏社區學院這塊可以調控的學制。

職涯設計要跟著人走，這樣從小知道明確性向的，可以提早發展，美國學校大一大二不分系，大二以後才會確定主修，大三以後分系，很清楚，這樣他的性向與就業能力、所學的興趣能夠結合，人才才不會被浪費，不會走冤枉路。

## 學校系所調整不符合產業需求

另外，我們的大學系所並沒有根據經建會人力規劃小組的訊息來做系所調整的參據，而且系所調整的速度與訓練趕不上產業變革的需求，我建議教育部應該根據經建會的資訊做全國學生數與系所的盤點，將全國的系所以及培養的學生數，跟市場與經建會人力數據，要做連結，以企業需求的數據、產業別回推後，大學哪幾個系所要調整、要關或增加系所，都可以讓學校參考。

教育部雖有提到國家要推動六大新興產業，那是一個方向，但沒有具體的數據，無法做系所調整的參考。以致只有大概方向，但目前市場上還有多少量的需求，有多少人在幾年內會退休、要補充多少人力等的數據等缺乏，讓學校無法據以調整。美國就會有這樣的一個預測，這個行業滿了或還有需求，例如小學老師滿額，設計校系還有需求，就會有訊息，讓大學系所了解，學生也可以據此決定想要修習的專業方向。

學校系所調整，應與經建會人力規劃處資訊密切結合，例如一九九四年二月公布實施師資培育法時，大家只想到要擴大師資培育，卻未考慮到老師的供需問題。當時師培的管道來自大學教育系、傳統師範體系，而普通大學設置的教育學程，一下子開放太多，造成現在五萬名流浪教師，找不到正職的老師工作。這就是開放師培時，未把市場的需求考慮進去。當時未將台灣的學生數及市場的需求做十年到二十年的規劃，師資培育法於一九九五年啟動，當時沒有人想到二十年後會有少子化問題。

## 廣設高中職、大學的後遺症

一九九四年一月新大學法公布後，政府開始廣設大學高中，也就是當時教改的口號之一，那時我躬逢其盛參加過第七次的全國教育會議，會議中決議要廣設高中大學，因為以開發中國家來說，我們當年大學生的比例偏低，但當時根本沒有提到未來十年到二十年後人口出生率問題。

台灣除少數科系如醫學系是計畫管制培育制外，整體而言，正規教育培育人才走的是市場機制，教育部及大專院校並未參考某一權威機構如經建會之人力需求資訊，作為調整系所的參據，系所調整速度與學校的教學和訓練，趕不上產業的變革需求，這應是整個問題所在。台灣產業結構由勞力密集、高科技到服務業為主的改變，加上學校所學與業界的需求有落差，產學連結不足，無法畢業即上工、上工即上手，同時業界對大專畢業生的期望有落差，對職前與在職訓練未有足夠心理準備等，都造成目前的人才問題。

## 技職教育未受重視　產學連結不足

其次就是所謂產學連結不足，產學連結不足是因為台灣有一百七十四所大專院校，裡面有九十一所是技職體系，八十三所是普通大學，普通大學辦學理念本來就是博雅教育，再加上專業教育。技職體系就比較重視實用教學，與產學要連結，現在是兩者都有問題。

第一是普通大學，除了理工科外，很多人文社會科學的課程，不跟產業連結，例如哲學系、中文系，就業市場不大，學生畢業後要叫他做什麼，就只好去考公務員。技職體系因為廣開而且學生數增加，水準普遍降低，以前的技職體系，大概都是工科、理科、護理科為主，後來因為商專辦學比較便宜，商業科系每個學校都有。技職體系到現在還有二十八所附設五專，十四所專科及附設五專的學校都是以護理系為主。

技職院校改大擴充的結果，讓商管類的學生變成商管通才，出了社會，商業管理、國際企業、國貿不見得很好找事，金融、會計系還有一技之長，但像應用中文系，或有的系並沒有一定可以就業的出路。還好人文社會科，在技職體系開放的不多，技職體系應該要朝應用類發展，太強調學術，並不適合。同時，專科改制技術學院與科大，變成大學生太多，基礎技術勞工缺乏，造成大學畢業就業率降低、失業率偏高的問題。

教育部在技職與高教間，本應該要切割清楚，但一直切不清楚。兩個系統曾經要合併，在民進黨執政時，二〇〇二年就提出技職司、高教司要合併，當時的組織再造，就討論到技職與高教合流。英國在一九九〇到二〇〇〇年間也是走合流路線，但合流付出很大代價，基於現實考慮，加上技職體系很龐大，所以還是繼續分流比較好。現在的問題，技職與高教培育出的人才與現在社會的就業，有很高比例是不完全相關，大概直接相關的有五、六成吧。

確實產學連結不足的問題，大概有約四成以上，最嚴重的是有的學校設的科系約一半畢業生無法就業，普通大學的理念就不是完全要製造就業人口。目前景氣比較低迷，失業率較高，年輕人失業率約達百分之十三，所以大家對大學的要求，希望畢業就能夠就業；對技職的寄望更高，技職體系原本是高職再加上五專、二專、四技、二技，都是終結教育。高職畢業就能就業的是基層工作，專科畢業就業的是中低層工作，技職學院和科大畢業做的是中高階工作。高職畢業就業應該是百分之百，但現在高職畢業生有百分之八十升學，考技職院校或轉到普通大學，高中畢業生幾乎全部升學。

## 教育體制僵化　缺少彈性調節

第三就是我們的教育體制比較僵化，目前碩士生有十八萬人，大學生每年大概二十八萬至三十多萬人，大學畢業生不想馬上找工作，一者是延畢、一者是去讀碩士，讓父母繼續栽培，或一邊打工，現在大學生打工的很多。

教育制度上，台灣技職與高教體系究竟是分流或合流是一值得探討的問題，教育部總覺得在這個節骨眼，技職要再造，要再加強化，要給學生更多實務的學習機會，以增強學生的就業力。

目前不論高教或技職，國外是學分制，台灣是學年學分制，美國有二年可以摸索，如同前面所說，有社區學院的學制，台灣要模仿一直沒有成功，社區學院可以讓學生去體驗，摸索他的性向，如果覺得適合讀普通大學，二年拿副學士後即已學得一技之長，又可以去插班大學。

以台灣現在的教育體制來看人才培育，台灣與美國最大的差別，在台灣缺乏社區學院彈性的調節，社區學院就是個很好的緩衝學制，學生高中畢業後讀兩年社區學院，尤其沒錢去讀大學的、經濟差的就近去讀社區學院，先學一個專業，摸索性向。台灣沒有發展這一區塊，其實這就類似我們的五專、二專。現在台灣萎縮了，以前有這個彈性，又可以結合產業，所以畢業後就可以就業。現在少了這一塊，所以基層技術人力自然短缺了。美國一千五百所社區學院，對學生、對高等教育來說都是一個彈性，有的人只是要讀一個證書或者證照，例如雷射技術只要一年，專技學程是一年至三年，就很實用，修完即可以就業了。

## 士大夫觀念難改　國際人才競逐失利

台灣的問題是大家不太重視或認同專科，由於中國傳統的士大夫觀念，家長就是要孩子能夠拿到大學畢業證書，因此專科都要改制成學院或大學，結果是專科的功能及彈性沒有了。郭為藩當教育部長時提出教育有三個國道，其中第三條國道就是推廣教育，推廣教育也就是終身學習，在台灣推動還算成功，其中包括大學或碩士在職專班。推廣教育的理念是「你要學什麼我就教你什麼」，包含補習班或職業訓練的內容，有一部分像是美國的社區學院社區技術訓練中心，讓社區人士可學語文或技術，拿一個證照。台灣實施得還算不錯，我們要肯定第三條國道的功能與績效。

整體性來看，台灣的高等教育不是不好而是少了一個緩衝的學制，像社區學院或者二專、五專；五專萎縮了，而且二技也逐漸關掉，對專技人才的培育是不利的。

最後是國際人才競逐失利，台灣這幾年的發展與周邊國家相較，香港、新加坡、大陸對我國有競爭壓力，有很多人才被挖角。大陸有十三億多人口，台灣只有二千三百萬人。大陸月薪可以給你三至五倍，來挖掘台灣的人才。學校挖角還沒有太嚴重，但在專門企業，則是整批被挖角。在國際競爭力上，台灣的薪水停滯不前，等於是雙重危機。

在國內要面臨人才可能被挖角，既想要攬才又要留才。雖然政府實施彈性薪資措施，但彈性薪資的實施不夠澈底有效，如何讓老師不被挖角，如何給人彈薪，目前的做法能編列彈薪的經費不多，教育部也要求學校提供名單提供彈薪，其考量是否被挖角，但這效益似乎不大。學校雖擔心人才被挖走，但如果工作愉快又有發展就不用怕，大牌的教授可以用講座教授方式聘請，但相對的要有整套留才與攬才措施，我們才不會在與世界競爭中失利。（參見附錄1、附錄2）

## 附錄1

### 張忠謀的憂心 做法 解決悶經濟 需要創新人才，實踐就是培養創新人才。

（《聯合報》二〇一四年一月二十三日）

各國激烈爭搶人才，台灣的人才卻逐漸流失，多數企業都面臨戰力不足的窘境。半導體教父張忠謀二〇一四年一月二十二日再度為台灣經濟「把脈」，並開出「開放外國人才來台」這帖特效藥，直言台灣的悶與亂，全導因於「人才不足」。

張忠謀在「二〇一四天下經濟論壇」中發表專題演講，他引述西元一九七八年大陸前領導人鄧小平談話：「人才、資金、技術、制度都要開放」，唯一不開放的就是政治。

他說：「但台灣卻是政治很開放，別的都不開放」。

### 經濟之鑰在「開放人才」來台

他表示，世界上有許多經濟問題是跟「人才」有關，台灣的人才問題並非短期內可解決，「至少需要一代」，也就是至少要十年才有成果。但他認為，開放國外人才來台，是最快速的方法。

張忠謀指出，全世界過去歷經三次全球化，台灣在第三次全球化中，因為中國大陸等新興國家加入競爭，使得台灣與大陸間的關係從互補變為競爭，且進一步致使兩岸在人才競爭上出現消長。

他說，台灣不僅要強化人才競爭力，且唯有培養自己的人才，才是解決台灣經濟問題的不二法門，而關鍵就是「開放人才」。

## 基層人才的問題在於「落差」

張忠謀在演講中，不僅道出台灣悶經濟、亂經濟的元兇就是缺乏人才，也深入剖析台灣人才問題的三大層面，包含基層、中層以及領導層，他示警「這三層人才都有問題」。

張忠謀表示，台灣基層人才問題在於「落差（mismatch）」，新鮮人在學時跟社會脫節，不知道將來要從事什麼，也不曉得將來工作環境為何，所以就業後常面臨工作內容不符預期。張忠謀說，台灣生產、工程的基層人才是足夠的，但財務、會計、法務、人資四種人才卻很缺，這是因為理工人多過於文法人。

## 台灣缺乏器大識深的領導人

「要企業轉型升級、加強競爭力、脫離代工或創新，若沒有中層人才，全是緣木求魚。」張忠謀強調，中層人才是企業的中流砥柱，指的是擁有十年、二十年工作經驗，有創意、主動、忠誠且從基層辛苦做起的人才，企業即便有領導人才，沒了中層也是獨木難撐大梁。

至於最上層的領導人才，他認為，無論是企業或政府，要改革進步就需要器大識深的領導人，而台灣也缺乏領導級人才。

## 附錄2

教育部在二〇一三年十二月四日公布「人才培育白皮書」，其中提出未來十年我國人才須具備「六項關鍵能力」，新作為包括：教師資格檢定考試改採模擬真實情境式命題、推動高級中等教育階段各類學科菁英到大學先修課程、強化各教育階段之菁英人才接銜機制、建置全方位教育研究與傳播平台及家長觀念溝通平台、研訂技術職業教育法草案、提出高教鬆綁之具體做法並研訂促進人才培育條例草案、建立學習與工作者流動接軌之終身學習機制、推動以學生學習為中心之數位學習、推動大學管理、升等及課程學位分流、試辦以學院為核心教學單位、成立跨校性國際學程、建立大專校院國際化品質認證制度……十二項新興策略。（詳如表1-4）

另對於外界長期關注但未能解決的議題也有新方向或做法，包括：明確訂出學前教育五年內（二〇一四至二〇一八年）增加非營利幼兒園一百園之目標，高中職優質達標二〇一八年達百分之九十，提供十五至十八歲國中畢業未升學未就業或高中職中途離校且未就業的學生繼續教育或全面性職業試探，與產業界建立「系科設置審查盤點」、「設備媒合」、「產業公會交流」、「職能發展應用」四個溝通平台，四年內（二〇一四至二〇一七年）產學共同培育二萬四千名具就業力之技術人才，兼顧產業及尖端研究的碩博士培育機制，強化大學多元選才及弱勢就學扶助……等等。（詳如表1-5）

人才培育白皮書提出大學課程學位分流，是推動專業實務為導向的課程內容及教學型態變革，讓系所可在既有「研究型」課程之外，增加「實務型」課程作為選項，協助學生適性選擇走向學術研究訓練或專業實務應用的生涯進路。另依現行學位授予法規定，目前碩士畢業論文，原本即得以技術報告、創作展演取代。教育部慮及我國社會已逐步重視專業實務之重要性，爰將再參考國外將碩士學位分成學術導向及專業導向的趨勢，循序推動修正學位授予法，將碩士學位分流為學術型學位及實務型學位。

至於「四年培育二點四萬技術人才」係指鼓勵技專校院辦理「產業學院」，其開設之契合式人才培育專班，無論學分學程或是學位學程，皆是以合作企業具體的技術人力需求為起點，由企業與學校共同規劃實作課程及現場之實務實習，以提升學生之就業力。

在「大學教育暨國際化及全球人才布局」主軸下所提出之十二項行動方案，均是在目前業務基礎上，再思考可精進之新興作為。為避免增加政府財政負擔，特別自既有經費勻支九至十一億元，以專款專用於推動本白皮書之新興作為，同時亦將再輔以「邁向頂尖大學計畫」、「獎勵大學教學卓越計畫」每年約一百一十億元之競爭性經費做整體規劃，並非未投入資源。教育部另亦表示，雖然有許多制度及結構的改革未必需要龐大的經費，但未來將秉持零基預算之精神，並視實際執行之需求，調整內部相關經費，亦將視政府財政狀況，必要時核實斟酌爭取額外經費。

人才培育白皮書之發布是教育部擘劃未來十年（二〇一四至二〇二三年）人才培育藍圖之起點，後續之落實執行才是人才培育政策可否發揮成效之重點。為求落實執行，已成立「教育部人才培育白皮書專案推動小組」，邀請相關部會推派代表參與，未來將定期召開會議檢視執行成效。

表1-4：人才培育白皮書所提出之十二項行動方案

| 新興策略 | |
|---|---|
| 議題 | 主要做法 |
| 改變教師資格檢定考試方式 | 1. 以模擬真實情境式命題內容：檢討目前以記憶背誦為主之教師檢定模式，改變以擬真實情境式命題內容，並強化試題分析和考題內容，提升試題的鑑別度與信、效度。<br>2. 研議技職體系師資生取得乙級技術士證列入教師資格檢定考試加分項目：為因應職校現場實務需求及提升教師實作能力，並落實多元評量理念，對於修習中等學校師資類科職業群科師資生，如已取得乙級技術士證予以本檢定考試加分，以提高師資生實務操作能力。 |
| 推動高級中等教育階段各類學科菁英到大學先修課程 | 除延續推動高中科學培育等計畫，以發掘、培養高中生科學潛能外，亦將研議推動高級中等教育階段各類學科菁英到大學先修課程，以厚植國家未來優質人力，為國家各類頂尖人才之培育奠定基礎。 |
| 強化各教育階段之菁英人才接銜機制 | 1. 強化高中菁英學生與大學教育之銜接，推動修正《大學法》第二十五條，高中科學班學生得參加統一之「學科資格考試」成績申請進入合作大學校院基礎科學相關學系，暢通其升學進路。<br>2. 研議各教育階段鑑定通過之資優學生持續接受資優教育服務，不受階段別轉換限制之可行性；另將提升資優學生導師及任課教師情意教育及生涯規劃等相關之資優知能，以促進資優學生適性生涯抉擇與優勢發展。 |

| 新興策略 | |
|---|---|
| 議題 | 主要做法 |
| 建置全方位教育研究與傳播平台及家長觀念溝通平台 | 1.協助師資培育大學設立中小學各類學科研究發展中心，並建立各學科研發中心的整合協作平台。<br>2.整合並發展典範課程、教材、教法、教具與評量等適性教學資源。<br>3.發展雲端學習平台服務，支援教師數位化教學及學生自我學習，並建立教師、學生及家長之溝通平台。 |
| 研訂《技術及職業教育法》 | 1.為回應外界對技職教育之期待，及為鞏固「技職教育之基礎建設」，爰研議制定《技術及職業教育法》以彰顯技職教育特色。<br>2.於二〇一三年十二月將草案報行政院審議。 |
| 研訂《促進人才培育條例（草案）》 | 研訂《促進人才培育條例》，提供額外誘因或例外措施：<br>1.人事鬆綁：公教分離、教師資格回歸學校自審。<br>2.經費鬆綁：校務基金、經費支用彈性。<br>3.經營鬆綁：學雜費調整、內控稽核。<br>4.人才鬆綁：延攬國際人才。<br>5.教學鬆綁：招生選才、學位授予、企業協助。<br>從以上五面向切入，預訂於二〇一四年十二月將草案報行政院審議。 |
| 建立學習與工作者流動接軌之終身學習機制 | 研議認可不同的教育資歷，鼓勵大學可依性質定位或辦學特色，將經過一定認證程序的職業訓練、專業證照、競賽成績、工作成就、非正規教育課程或其他半正式或非正式的學習經驗，納入招生修業、課程教學、學位授予之考量，以利學習與職場連結。 |

| 新興策略 | |
| --- | --- |
| 議題 | 主要做法 |
| 推動以學生學習為中心之數位學習 | 1. 建立「以學生學習為中心」的數位學習課程與教材典範，促進數位學習資源共享，並結合大學與空大的課程資源發展數位學習。<br>2. 導入「大規模線上開放課程」教學模式，促進學生主動學習。<br>3. 規劃大學利用空大全國據點，作為線上課程認證據點。 |
| 推動高等教育分流 | 1. 大學管理分流：擇定績優學校，試辦人事、財務、會計及招生收費等自主項目，並輔以資訊公開及內控機制，賦予辦學彈性。二〇一六年至少擇定二十所大學參與試辦。<br>2. 教師升等分流：透過多元升等制度，同等尊重教學和研究的成果，並賦予學校自主審查機制。二〇一六年至少八十所大學試辦。<br>3. 課程學位分流：在「學術型」課程外，增加「實務型」課程，以推動學位分流。二〇一六年至少有四十所大學推動。 |
| 試辦以學院為核心教學單位 | 1. 將擇定學門領域試辦，協助學院從組織結構、院長遴選、教師聘任、招生選才、課程教學到資源設備等層面，均能有效整合所屬系、所的資源及優勢，建立一個以學院為統整核心單位的教學體制。<br>2. 以學院為主體來思考系所的增設調整、招生、教學、學生的歸屬，以及評鑑或資源補助，打破系所本位藩籬，以利學生跨域學習。 |
| 成立跨校性國際學程 | 鼓勵國內各大專校院，與國內外頂尖大學或機構進行策略性的結盟，引進海外大學在國內大學開課，移植國外大學教師及課程，開放區域大學學生上課，或學生赴海外大學修課、實習，學生同時取得國內大學之學位及海外大學學分證明。二〇一六年前將成立十個跨校性國際學分或學位學程。 |

| 新興策略 | |
|---|---|
| 議題 | 主要做法 |
| 建立大專校院國際化品質認證制度 | 1.以促進大專校院國際化為目標，訪評指標將以「學校國際化發展目標及特色」、「本國及境外學生國際化課程規劃及學習輔導」、「大專校院國際化人力及行政支援」、「本國學生課程融入國際面向」及「國際化校園及外文網站」為主。<br>2.訪評結果獲認可之學校，將於Study in Taiwan（http://www.studyintaiwan.org）平台向國際學生廣為推廣其國際化特色與優點，亦可作為國內大專校院國際化標竿學習對象，促進校際經驗交流與分享，以期整體提升我國高等教育國際化品質與競爭力。<br>3.預計至二〇一六年，國內有六十所大專校院獲訪評認可。 |

表1-5：人才培育白皮書所提出外界長期關注議題之新方向或做法

| 外界長期關注議題之新方向或做法 | |
|---|---|
| 議題 | 主要做法 |
| 增加非營利幼兒園 | 為提供平價、近便的學前教育，應由政府、公益法人與家長協力設置非營利幼兒園，具體減輕家長育兒負擔，預計五年內（二〇一四至二〇一八年）增加非營利幼兒園一百園。 |
| 高中職優質達標、卓越領航 | 1. 鼓勵高中職類科調整及特色發展、加強高中職與國中垂直合作；輔助社區內之高中職持續既有之橫向整合，並延伸至縱向之連結，建立高中職與國中之夥伴關係。社區具有引導標竿之學校，應引導並協助社區學校共同提升。<br>2. 辦理高級中等學校評鑑，最近一次學校評鑑各評鑑項目達八十分以上，將列為優質學校認證之重要依據。<br>3. 籌劃第三期程特色領航計畫，深植優質化之續航力，以特色課程深化或特色深耕為目標，規劃特色課程專案，以輔導學校卓越優質發展。 |
| 提供十五至十八歲國中畢業未升學未就業或高中職中途離校且未就業的學生繼續教育或全面性職業試探 | 研議增設就業導向專班，並配合產業動向規劃，提供十五至十八歲國中畢業未升學未就業或高中職中途離校且未就業的學生繼續教育或全面性職業試探，以深化理論基礎的學習和實務技能的傳承。 |

| 外界長期關注議題之新方向或做法 | |
|---|---|
| 議題 | 主要做法 |
| 建置產官學研合作平台 | 1.與經濟部、勞動部成立跨部會小組及幕僚小組研商共同合作的「產學合作人才培育示範案例」、「畢業生就業率調查機制」、「業界設備轉贈事宜」、「職能基準建置規劃」等案件。<br>2.建立各類型產官學研交流、審查及媒合四個平台如下：<br>・系科設置審查平台<br>・設備媒合平台<br>・產企業公會交流平台<br>・職能發展與應用平台<br>3.已與五十七個公協會建立產學交流平台，並持續拓展合作數量。 |
| 辦理產業學院 | 1.建立「產業學院」機制，針對業界職缺需求，量身打造契合式人才培育學程專班，產學共同培育實作技術人才，合作企業承諾進用結業學生。<br>2.二〇一四年正式施行，補助三百至四百專班，預計每年培育至少六千名業界所需之專業技術人力投入職場。四年內（二〇一四至二〇一七年）產學共同培育二萬四千名具就業力之技術人才。 |
| 兼顧產業及尖端研究的碩博士培育機制 | 1.碩博士班研究人才的培育方式，應有多元的概念，除了傳統基礎研究訓練模式，亦應有與企業「共同培育研究人力」為宗旨的培育模式。<br>2.例如學生論文研究由大學與產業界共同指導，政府補助大學建立與企業合作機制，大學爭取企業研究經費，企業則可取得博士研發成果，即三方合作方式改變傳統上「純學術導向」的博士培育機制。 |

| 外界長期關注議題之新方向或做法 | |
|---|---|
| 議題 | 主要做法 |
| 強化大學多元選才及弱勢就學扶助 | 1. 研議調整大學多元入學制度，更重視學生來源的多元性，讓來自不同地域、社經地位、宗教、文化和教育背景的學生，經由互相包容、互相尊重的學習環境，激發多面向思考解決問題的能力，以促進社會階級流動、拔擢多元背景的人才。<br>2. 政府及大學在扶助弱勢學生入學的政策上，除透過學雜費減免、獎助學金或就學貸款來彌補其經濟上弱勢，更進一步提供非經濟層面支持與輔導，以解決其學習上的弱勢。 |

# 8 招收陸生是解決問題還是製造問題？

二〇一〇年八月十九日台灣通過陸生三法，採漸進式開放，承認大陸學歷，招收陸生，兩岸學生在自然交流環境下相處，對兩岸未來的發展是正面且有幫助的。

二〇一〇年八月十九日，立法院通過陸生三法，這個歷史性的一刻，讓在場見證的各公私立大學校長們百感交集，我當時是嶺東科技大學校長，也是中華民國私立技專校院協進會理事長，看到居中穿梭協調多次後，終於有了結果，當然大大鬆了口氣，但我一點都不得閒，也不能放鬆。我必須以私立技專校院協進會理事長的身分，代表各學校接受媒體的訪問，說明私校的立場與看法。

陸生三法通過的第二天，大陸中央電視台打電話給我，要求我要接受訪問，說明政策內容與方向，我從台中坐高鐵北上，與中央電視台約在台北車站，就在台北車站接受主播趙晶的訪問，向大陸民眾說明台灣這項政策的重要及影響。

回想起陸生三法的奔走經過，我有一大疊的資料，從相關文件、到赴大陸參加洽談的會議紀錄、照片等，我都全部留了下來，現在回想起來，中間的折衝轉折很不簡單，一路走來，能有這樣的成績，是許多人共同努力的結果。

我會擔任這項重要任務的原因，主要是因為二〇〇九到二〇一〇年，我是中華民國私立技專校院協進會理事長，正好躬逢其盛。二〇〇九年九月八日我出席廈門第十三屆兩岸投資洽談會海峽兩岸職業教育交流合作專案洽談會議，那時候台灣已有氛圍感受到教育部可能要開放招收陸生。

福建省教育廳至少從二〇〇九年就有對台高等教育交流的先試先行政策，跑得最勤的是木鐸社的陳漢強理事長，他們要找出台灣的學校代表，想要找國立或私立大學，但這都不是大陸最需要的，大陸方面要找的是技專校院，台灣當時有九十三所技職院校，因為國立技專校院與國立大學校院協會，大陸有忌諱，所以只好找私立技專校院協進會代表洽談。

## 在大陸如何堅持中華民國！

我是私立技專校院協進會理事長，成員有七十四所技專校院，很具代表性，大陸江蘇省高校也不過一百二十二所，我們與大陸任何一個省來比較校數都是相當多的。所以對方要求我去參加洽談，讓大陸學生到台灣交流，不論是付費或交換生都可以。我就在二〇〇九年九月八日去福建廈門與福建省教育廳楊副廳長、海峽兩岸高等技術交流協會理事長孫芳仲等人及木鐸社理事長陳漢強、中華民國技職教育協會理事長陳希舜一起前往，我就是代表中華民國私立技專校院協進會參與。

過程中，我堅持要用中華民國私立技專校院協進會理事長的頭銜，否則我不去。因為大陸方都把「中華民國」改成「中華」或者刪除或改成「台灣」，在我堅持下，為了雙方能夠洽談成功，對方勉強同意，後來我的名牌及文件內容都用「中華民國×××」。

廈門洽談會回來後，二十五日，我召開中華民國私立技專校院協進會理監事會議，討論短期陸生來台研修的學分費收費標準。教育部技職司長李彥儀亦應邀出席會議，會中達成決議，就是每一個學分是台灣學生的一點五倍，亦即台灣學生的學分費大約是一千五百元，大陸學生要收二千二百五十元，但來台灣的學生可以依台灣學生的標準修學分，陸生大概都是修二十至二十五學分，這個是很重要的決定。

事實上，二〇〇九年九月開學時，各校已陸續有陸生報到，其中福建省是由木鐸社安排，第一批二百人、到四所學校，即建國科大、朝陽科大、中州技術學院及中興大學等，大陸學生來台一年，福建省教育廳補助他們五千元人民幣，他們在大陸付的學雜費也只有約三千至五千元（視科系不同）。這是第一批先試先行來台灣的大陸生，第一年總共有二千八百八十八名陸生來台研修。

## 面對陸生　走出不一樣的路

這批先試先行的大陸學生，到了台灣後對台灣的發展很驚奇，他們來了一段時間後，我在學校舉辦座談會，邀請陸生參加，陸生反應普遍很好，陸生覺得台灣很活，老師與學生互動非常好，在大陸要見一位老師不容易，台灣的老師與學生幾乎是打成一片，師生有office hour，活動也在一起，陸生們覺得這個很不可思議，台灣老師的教課非常活潑，學生比較有創意，但比較懶散。陸生在台灣上課，都是坐在前面幾排，上課聚精會神。大陸短期研修生隨班附讀居多，起初不能給學分證明，只能有修課證明，大陸承認他們在台灣的大學上課的修習時數、發給研習證明書即可。陸生三法通過，才准發學分證明，有的學校採招專班上課，有的更與大陸高校合作3＋1研修班，陸生於二或三年級來台研修一年。

我在陸生三法、陸生來台研修乙事投入很多的時間與精力，真的是「躬逢其盛」。我在二〇〇九年九月九日從大陸回來後，就促請教育部林聰明次長在十一月召集木鐸社理事長陳漢強及三大協進會代表開會討論，陸生來學費如何收取的問題。接著就是不斷地有相關的會議，像是陸生來台研修生的校安會議，也擔心大陸生來台的安全問題。教育部規範招收陸生的學校要設置陸生輔導專責單位，輔導外也是要注意他們的安全。

其實從二〇〇九年到現在，各大學都未發生陸生重大安全問題。民運人士王丹二〇〇九年十月到靜宜大學演講，大陸學生有七、八人去聽演講時跟他嗆聲，這表示大陸學生開始積極參與校內活動，引起教育部的重視，但後來並未再發現有任何不妥，證明各校都有了警覺性與準備。

一九八七年起台灣開放到大陸探親、到一九九七年香港回歸後，大概每年都有大陸交換生三百至四百人到台灣交換，到了二〇〇九年一年就來了二千八百八十八人，就是因為有這一波大陸交換生、有福建先行先試計畫，加上各大專校院啟動與大陸學校的交流計畫，大陸的學校整批與台灣的大專校院簽約，是兩岸正式大規模啟動了教育交流。

## 約未簽成　實質交流啓動

二〇〇九年九月八日，因為我堅持要用「中華民國私立技專校院協進會」的名稱簽約，陸方不肯，正式合約文件不准寫「中華民國」，所以該次洽談會約未簽成。

不過約雖未簽成，但在當時的氛圍下，陸生仍依原訂計畫到台灣，定位為「校對校」模式，採用「兩岸學術交流」名義交流。所以要來的大陸學校，要與台灣的學校，校對校簽約，雙方學校交錯進行，亦即一所學校可以跟多所學校相互簽約。

到了二〇一〇年，教育部召開一連串會議，談陸生研修、收費標準及招生辦法等。我當時全程參與相關的會議，當時訂定的名額是大陸來台的短期研修生一年以上全台限額二千名，少於一年則沒有名額限制，只要隨班附讀容納得下，就可以收，收費就是台灣學生學分費一千五百元的一點五倍，學校也可以依照台灣標準收費，這項員額及收費標準至今仍在執行。我要特別提醒的一點是，這批大陸研修生人數已超過兩萬名，有的隨班附讀，有的採專班上課，但教育部從不管它帶來的生師比問題，我想教育部是在廣開後門，為因應少子化來臨補充生源作準備吧！

我在二〇一〇年三月二十一至二十九日，以理事長名義，帶領私立技專校院常務理監事六人訪問大陸北京、南京、上海、杭州及廣州，拜訪大陸教育部、中國高等教育協會，這是大陸七大教育協會中最大的協會。我們到大陸教育部時，對方很驚訝台灣竟有這麼大的協進會來跟他們談，所以是以最高等級接待，那是第一次這麼有分量、有代表性的台灣高教組織去參訪。當時也順便談四月七日兩岸要招收陸生洽談會議的議題，因為我們六人具有代表性，會後又與大陸教育部港澳台辦副主任李大光闢室再談，短期研修到正式招收陸生的相關問題。

## 關鍵性結論　成功了嗎？

接著正式的會議是二〇一〇年四月七日、八日，教育部雖未指派協進會任何任務，但事實上三月二十二日像會前會，該談的也都談了。四月七日就是由教育部高教司長何卓飛代表等十人與大陸丁雨秋常務、副主任李大光等十人協談，我們是由中華交流協會張昌吉帶隊，但都是何卓飛主談，對方是李大光主談。學校部分是三大協進會理事長、相關單位代表等人。當時談了六項結論（參見附錄3），招生省分是大陸訂的，名額則由台灣代表決定。

依照這六項結論，二〇一一年三月九日在大陸北京成立「海峽兩岸招生服務中心」，在台灣則成立「大學校院招收大陸地區學生聯合招生委員會」辦理招生事務。

二〇一〇年四月二十一日為了陸生三法，在立法院打了一架，直到八月十九日通過，十一月十五日大陸組團到台灣回訪洽談，團長北京科技大學校長徐金悟一開始就開炮「為什麼你們不承認二一一工程學校而只承認九八五工程學校？我們北京科大不比你們任何學校差，我一個學校一年的產學科研即有人民幣三億多元！」

我不得不說，台灣洽談代表到大陸去有進大陸的教育部，但二〇一〇年十一月十五日大陸來了二十二位代表含官員、校長等，他們到台灣，只到台灣科技大學不進我們的教育部，明顯地他們不承認台灣的教育部。

查驗認證部分由海基會處理，原則上，第一年不招專科生，陸生招生分發採提前批，就是六月七、八日高考結束，六月二十四日放榜，六月底選填志願後，七月四日要決定要不要來台灣，如果要來台灣，大陸就不再錄取了，至目前來說，招生作業尚稱順利。

陸方要求最重要的是不能有仲介單位介入招生，據說光是北京就有三百多家重要的仲介公司，很難擺平，而且騙錢的很多，所以要杜絕這樣的情形發生。

## 陸生三法吵嚷中過關

在國民黨立委的努力下，立法院將陸生三法排入議程討論，四月二十一日那天，三大大學校院協進會主動召集學校校長及主管一百多人到場，在群賢樓一樓擠得水洩不通，主持會議的立委趙麗雲在會議的吵嚷中被K，抬出會場，後來因程序問題，立法院長王金平說再議。到四月二十六日，為了確認該次會議決議，兩黨立委再打了一架。事實上，所有大專校院，反對陸生三法的是少數，整體上是支持招收陸生的政策。協進會代表跟民進黨院黨團溝通過，但民進黨立委講得很直接，這是關係兩岸政治議題，他們不會支持。

我參加多次的公聽會，也代表私立技專校院發聲，爭取支持，希望教育部能在二〇一〇年通過法案後如期開放。其實我承受的壓力很大，學校接到不少電話，有的會寫信來罵，指責「這樣台灣大門是開放給大陸，讓大陸人到台灣讀書、就業，不就是拱手把台灣讓給大陸。」對這樣的激烈反應，我只能選擇不回應，有人一直打電話或寫信，我都是看看就存檔，我是針對大環境的需求，不是為我個人，我做該做的事，所以不認為會有問題。

直到二〇一〇年八月十九日下午立法院通過陸生三法後，除接受大陸中央電視台駐台記者趙晶採訪外，期間還有美國、香港、日本、新加坡等地媒體都來電訪問，他們想要了解為什麼台灣不開放招收陸生、台灣有何立場等。陸生三法通過後，我雖鬆了口氣，但要做的事情更多，接著就是一批批的大陸學校來台訪問簽約，及邀請我去就招收陸生議題演講交流等。

## 感謝李遠哲　平常心看待

在整個過程中，我必須提一段插曲，那是二〇一〇年四月二十一日，立委們打了一架後，沒有人再提推動陸生來台案，後來二十五日某報一篇報導說，前中研院長李遠哲表示，台灣應該開放招陸生。當時聯合報記者陳智華訪問我，問我的看法，我答覆說，很感謝李前院長，必要時會聯合三大協進會去拜訪他。李遠哲這一番話，為社會指引出一個明確方向，讓大家覺得陸生三法通過有希望。

這段插曲很有歷史意義，爭議點獲得突破後，舉凡陸生三法的記者會、公聽會，都是我自己做簡報檔，必要時向大家說明。當時只是覺得整個工作告一段落，沒有特別興奮，大家也很低調，校長們認為這本來就是應該做的事，也一直默默在做，「我們也不清楚未來會面臨什麼局面，但就是覺得應該如此去做。」

從開放到現在，二〇一一年第一年，招收到九百二十八名陸生，二〇一二年多一點是九百五十一人，二〇一〇年四月到大陸去談時，李大光副主任就說，台灣只有一個省，一次要開放三十一個省市自治區，「你也吃不完，不如就學香港，先開放六省市吧」，像香港就是慢慢開放但至今仍未全部開放，不見得一開始每一省都開放，到二〇一三年才又增加了湖北、遼寧兩省。（參見附錄4）

## 三限六不　限制招生可能成功嗎？

二〇一一年十一月十五日到十九日，大陸教育部組成二十二人代表團到台灣會談招生事務等，台灣方面則由教育部官員及三大大學協進會理事長參與，以教育部高教司長何卓飛為主談人。會談上，第一個開炮的就是北京科技大學校長徐金悟，他說，「為什麼要三限六不，對大陸不公平，有歧視，大陸的二一一哪一點比你們差，為什麼不承認？」台灣有「三限六不」，包括限制採認高校、限制陸生總量、限制學歷採認領域、不涉及加分優待、不影響台灣招生員額、政府不編列獎學金、不允許打工、不允許在台就業、不得報考公職考試等。所以大陸方面非常不滿意，到現在還在冷戰，我們不准大陸高校來台灣參加大學博覽會，他們也不准台灣院校到大陸作招生宣傳。

二〇一一年開始要招生時，大陸就公告，學校不得在大陸為台灣招生，二〇一二年又再發文一次，所以大陸學生及家長根本沒有管道知道台灣的大學。第一年招生時有二千所高中各指派一個人報名，但沿海六省市有約六千所高中，大陸官方找了二千所高中報名。大陸可以一聲令下，集體動作，很多高中不知道有招收陸生此事，台灣的學校只有透過姊妹校、大陸海峽兩岸招生服務中心，發一點訊息。像上海高展會到台灣數次，在福州、上海、北京都辦大學博覽會，但大陸封鎖台灣的學校，所以只有少數人知道台灣正在招陸生，不但家長多數不知道，學生也不太清楚。那段期間，我到六省市跑了四趟，像廣東、北京、江蘇、浙江、福建、上海等，我透過姊妹校安排到浙江省某高中輔導室，利用晚上或學生自習時間去宣導。

我看到當地學生讀書很認真，每人身邊書桌擺約一公尺高的書，下課就一起自修讀書，場面很壯觀。他們很新奇，像浙江湖州的國際中學就要求把我校的二十六個名額都給他們，但後來只有二人成行，因為多數陸生想去一般大學不見得想到技職院校，二〇一一年沒嚴格限制批次，台灣有的學校錄取三本生，二〇一二年起只限招二本一本生。

## 開放交流兩岸師生受益

我們到大陸訪問時，曾到數所高中，介紹台灣的大學，說明台灣學校的優點，但大陸有人害怕「三限

**註**

大陸高中畢業生參加高考分發進入大學，大學校院依分數高低分四個梯次放榜，依次稱為一本線：即全國重點大學；二本線：一般綜合性大學；三本線：民辦高校、二級獨立學院，或國際合作辦理的高校；四本線：專科學校。此外，還有「提前批次」：為因應特定專業，特殊招生需求，較一本線提前放榜者。

六不」被民進黨、台獨人士歧視，擔心安全問題。其實台灣是兩黨政治，各有不同主張與看法，但絕不會有危及學生安全的問題，我對他們特別強調陸生三法通過已算不容易了，以後會慢慢再開放的。

以實踐大學為例，二〇一一年短期研修生一百五十七人，二〇一二年有四百多人，其中從福建閩江學院內的海峽學院來的學生就有三百五十七人，加上其他學籍生十二人。學校還為陸生住宿在內湖租一棟房子，陸生要繳全額學雜費，一年的學分要在台灣修完，他們要來台灣前，學校要為他們額外補英文、了解台灣的事務等。大陸公立大學一年學雜費約四千至六千元人民幣，宿舍一個月一百元人民幣。實踐大學學校宿舍一學期九千元，住校外一學期約二萬一千元。

我與實踐大學陸生閒聊，問他們學習狀況時，發現他們都很能融入台灣生活，學習認真，平時也會去逛夜市、環島旅行、參加校內外活動等，了解台灣的風土人情，與政治無涉，兩岸學生在這樣自然的環境下相處，對未來兩岸的和平發展是有幫助的。

## 招收陸生待解決之問題

自從二〇〇九年福建省「先試先行」選派二百名大專生到台灣付費研修，加上兩岸大專校院加強交流，大陸留台學生人數急速增加。同年十一月，教育部公布採認大陸以九八五工程為主的四十一所大學學歷，二〇一〇年八月台灣通過「陸生三法」，二〇一一年開始招收大陸學籍生。二〇一二年大陸在台學生已有一萬五千五百九十人（含學籍生九百五十一人），二〇一四年在台研修生及學籍生合計約達二萬五千人。

大陸研修生及交換生是經由姊妹校簽約方式來台研修一學期至一學年，而學籍生則須透過「大學校院招收大陸地區學生聯合招生委員會」申請分發，來台就讀大學或研究所碩博士班。

陸生在台求學所遇到的問題，特別值得一提的有以下三點：

一、陸生必須於台灣做體檢，因台灣不承認大陸的體檢證明。

二、目前在台灣為陸生辦理入台許可證申請，所需的工作天數不穩定。之後入台證將改於線上申請，情況可能會改善，但填表內容繁瑣。

三、陸生因國家政策問題，無法如一般學籍生由學校統一辦理學生保險作業。

普遍來說，陸生比較希望以現行的方式辦理保險。因就目前的保險保單而言，只要是一般門診，除了看病時須先付費外，一千元以下的醫藥費用可藉由保險申請全額給付；但加入學生保險或健保後，學生必須負擔自費額。

這些問題不算大，但需要兩岸相關單位繼續努力解決，才能讓陸生來台就學更為順利。

# 附錄3

## 二〇一〇年四月八日 台灣高等教育訪問團會議紀錄（地點：北京教育部）

**六項結論：**

一、雙方招收方式與名額將建立機制，大陸高校二〇一〇年招收攻讀學位之台生名額以不超過二千名為原則，爾後年度動態調整。

二、雙方將由教育行政部門授權之機構，作為未來事務性工作執行之對口與交流單位。至於政策性事項之研商，可經由互訪、研討方式進行，並將共識納入兩岸會談機制。

三、為提供學生及時協助與服務，建議研商互設辦事處，並將共識納入兩岸會談機制。

四、雙方學歷與學位證件之查驗證作業，由教育行政部門授權之機構辦理。

五、雙方可藉由印製手冊或透過訊息平台方式提供學生有關學校辦學情形、住宿、保險等應有之資訊及輔導，另建議台灣各大專校院學士班及二年制專科學校之招生，雙方應由教育部行政部門授權統一發布。

六、正式學歷與學位學生之招生，雙方應有由教育行政部門授權統一發布訊息的單位，並建立溝通平台，以杜絕招生仲介之商業行為，至於研修生的交流模式仍以校際交流方式辦理。

# 二〇一一至二〇一四年大陸學籍生招生數據統計表

附錄4

（資料來源：http://rusen.stust.edu.tw/cpx/Data.html）

2014.10.28

## 2014 年招生錄取數據

一、博士班

| 招生名額 | 報名人數 | 預分發正取人數 | 正式分發正取人數 | 註冊 |
|---|---|---|---|---|
| 304 | 237 | 189 | 173 | 141 |

二、碩士班

| 招生名額 | 報名人數 | 預分發正取人數 | 正式分發正取人數 | 註冊 |
|---|---|---|---|---|
| 1,408 | 814 | 734 | 676 | 585 |

三、二年制學士班

| 招生名額 | 報名人數 | 預分發正取人數 | 正式分發正取人數 | 註冊 |
|---|---|---|---|---|
| 1,000 | 95 | 88 | 81 | 67 |

四、學士班

| 招生名額 | 報名人數 | 預分發正取人數 | 正式分發正取人數 | 註冊 |
|---|---|---|---|---|
| 1,988 | 3,404 | 1,964 | 1,804 | 1,760 |

| 地區 | 普通生 | | | | 藝術生 | | | | 合計 |
|---|---|---|---|---|---|---|---|---|---|
| | 一本以上 | 一本與二本間 | 未達二本 | 小計 | 一本以上 | 一本與二本間 | 未達二本 | 小計 | |
| 北京 | 172 | 46 | 56 | 274 | 1 | 7 | 3 | 11 | 285 |
| 上海 | 55 | 51 | 28 | 134 | 3 | 9 | 1 | 13 | 147 |
| 江蘇 | 35 | 47 | 57 | 139 | 3 | 6 | 4 | 13 | 152 |
| 浙江 | 307 | 652 | 255 | 1,214 | 42 | 83 | 48 | 173 | 1,387 |
| 福建 | 433 | 361 | 275 | 1,069 | 32 | 203 | 64 | 299 | 1,368 |
| 廣東 | 169 | 284 | 194 | 647 | 11 | 30 | 9 | 50 | 697 |
| 湖北 | 60 | 52 | 60 | 172 | 2 | 8 | 2 | 12 | 184 |
| 遼寧 | 147 | 73 | 48 | 268 | 4 | 16 | 4 | 24 | 292 |
| 合計 | 1,378 | 1,566 | 973 | 3,917 | 98 | 362 | 135 | 595 | 4,512 |

※報名人次

2014.10.28

## 2013年招生錄取數據

一、博士班

| 招生名額 | 報名人數 | 錄取人數 | 報到人數 | 註冊 |
|---|---|---|---|---|
| 227 | 141 | 113 | 103 | 71 |

二、碩士班

| 招生名額 | 報名人數 | 錄取人數 | 報到人數 | 註冊 |
|---|---|---|---|---|
| 891 | 722 | 576 | 528 | 467 |

三、二年制學士班

| 招生名額 | 報名人數 | 錄取人數 | 報到人數 | 註冊 |
|---|---|---|---|---|
| 955 | 95 | 93 | 93 | 75 |

四、學士班

| 招生名額 | 報名人數 | 錄取人數 | 報到人數 | 註冊 |
|---|---|---|---|---|
| 1,732 | 1,880 | 1,555 | 1,234 | 1,209 |

| 地區 | 普通生 | | | | 藝術生 | | | 合計 |
|---|---|---|---|---|---|---|---|---|
| | 一批以上 | 一批、二批間 | 低於二批 | 小計 | 二批以上 | 低於二批 | 小計 | |
| 北京 | 137 | 38 | 42 | 217 | 7 | 2 | 9 | 226 |
| 遼寧 | 80 | 90 | 28 | 198 | 14 | 0 | 14 | 212 |
| 上海 | 40 | 56 | 17 | 113 | 12 | 1 | 13 | 126 |
| 江蘇 | 31 | 49 | 43 | 123 | 8 | 5 | 13 | 136 |
| 浙江 | 116 | 365 | 101 | 582 | 87 | 32 | 119 | 701 |
| 福建 | 194 | 277 | 95 | 566 | 95 | 11 | 106 | 672 |
| 湖北 | 44 | 63 | 30 | 137 | 14 | 1 | 15 | 152 |
| 廣東 | 65 | 275 | 106 | 446 | 16 | 24 | 40 | 486 |
| 合計 | 707 | 1,213 | 462 | 2382 | 253 | 76 | 329 | 2,711 |

※報名人次

2013.03.14

## 2012 年招生錄取數據

一、博士班

| 招生名額 | 報名人數 | 錄取人數 | 報到人數 | 註冊 |
|---|---|---|---|---|
| 67 | 46 | 30 | 28 | 25 |

二、碩士班

| 招生名額 | 報名人數 | 錄取人數 | 報到人數 | 註冊 |
|---|---|---|---|---|
| 508 | 430 | 299 | 282 | 265 |

三、學士班

| 招生名額 | 報名人數 | 達二本人數 | 錄取人數 | 報到人數 | 註冊 |
|---|---|---|---|---|---|
| 1,566 | 2,153 | 1,739 | 999 | 677 | 661 |

| 招生名額 | 報名人數 | 達二本人數 | 錄取人數 | 報到人數 | 註冊 |
|---|---|---|---|---|---|
| 北京 | 251 | 211 | 112 | 56 | 55 |
| 上海 | 161 | 138 | 71 | 45 | 45 |
| 江蘇 | 153 | 105 | 54 | 30 | 30 |
| 浙江 | 523 | 463 | 279 | 207 | 204 |
| 福建 | 537 | 415 | 270 | 190 | 185 |
| 廣東 | 528 | 407 | 213 | 149 | 142 |

## 2011年招生錄取數據

### 一、博士班

| 招生名額 | 報名人數 | 錄取人數 | 報到人數 | 註冊人數 |
|---|---|---|---|---|
| 82 | 41 | 28 | 28 | 23 |

### 二、碩士班

| 招生名額 | 報名人數 | 錄取人數 | 報到人數 | 註冊人數 |
|---|---|---|---|---|
| 571 | 295 | 220 | 205 | 181 |

### 三、學士班

| 招生名額 | 報名人數 | 達二本人數 | 錄取人數 | 報到人數 | 註冊人數 |
|---|---|---|---|---|---|
| 1,488 | 1,569 | 946 | 1,017 | 742 | 724 |

| 地區 | 報名人數 | 達二本人數 | 錄取人數 | 註冊人數 |
|---|---|---|---|---|
| 北京 | 135 | 94 | 93 | 45 |
| 上海 | 128 | 88 | 82 | 55 |
| 江蘇 | 168 | 71 | 88 | 62 |
| 浙江 | 333 | 216 | 250 | 187 |
| 福建 | 395 | 218 | 243 | 198 |
| 廣東 | 410 | 259 | 261 | 177 |

# 9 大學專業化：以實踐大學設計學院為例

大學教育的目的在教導並培育對社會有用的公民，因此全人教育與專業教育同樣重要。如果大學都能落實專業教育，則可透過學用合一之措施，培育各類專才，增加大學畢業生的就業力。實踐大學的定位是「一所實用教學型的大學」，而實踐大學的設計學院被美國知名評比網站Ranker評選為全球前三十強設計校院，為什麼實踐的設計學院可以這麼強，我以此為例來談談大學的專業化。

## 台灣設計界的哈佛　「不正常」的老師

實踐大學設計學院被全球知名網站Ranker評為全球前三十強設計學院，近期《遠見》甚至將設計學院譽為「台灣設計界的哈佛」。《遠見》全國大學設計科系排行調查，實踐設計學院，受到各界好評，拿下設計實務的第一名。

實踐大學是所私立大學，不像國立大學有優渥的師資，有足夠經費支援，我們卻能培養出一群贏得眾人稱讚的學生，讓他們成為非主流中的主流。其中最重要的關鍵在於「師資」。國內大專院校對於師資的網羅，多以學歷學位為主要考量，但是實踐大學設計學院不一樣的是，對師資的網羅是看重老師的創意發想與美學品味，而學歷學位卻不是那麼重視。因此實踐網羅了一些看似「不正常」的老師，他們卻是各領域的菁英。

高等教育為人才培育的最後一棒，而進入大學分科分系後，教師被賦予更多的責任與一項重要的使命，就是建立學生足夠的專業基礎，培育強化競爭力，最後與產業順利架接，所以重點核心就是實踐大學所開設的課程以及老師的教學模式，能不斷挑戰創新並保持一定的彈性，透過課程以及衍生的各項活動去測試學生的喜愛度、接受度，以及能不能續航到進入產業，讓學生的設計熱度得以維持。

## 藝術創作融入校園場域

實踐大學不像一般傳統學校，有政府資源的大力支持，也沒有私人財團的財力資助。而且相對於其他國立大學，實踐大學校本部的校園不大，但也因為這樣，整個學校不論是廣場、走廊、停車場、甚至廁所，各個角落都被充分利用。走在校園充滿著學生創作的作品，讓整個學校的學生都浸淫在藝術的環境中，並間接學習、接觸到不同領域的知識。

設計學院要能啟發刺激培養學生的創新力，創新無論在功能上或是在感受上都能成為產業進步的動力，它足以創造新的生活模式與文化，甚至新市場。比方說創新的科技即快速的改變了我們的生活；因此創新可說是人類進步的動能。

設計學院就是培養學子專業設計能力的學府，透過設計，可以創造物件新的意義並改善人的生活品質，一切創新的發想始於看見問題，經由設計上獨特的判斷與創造力，發展自己的觀點進而以設計切入解決問題，因此設計者必須有相當的多元生活經驗並進化為原創動力，同時透過這些蓄積經驗產生洞察力，進而衍生出解決問題的創新方法。

## 打破界限的多元課程

在台灣，學生的競爭力應要建立在國際的平台上，設計學院鼓勵學生向外延伸觸角，看看國際上有什麼是我們沒有的，就竭盡所能提供給學生，缺什麼就補什麼。以國際師資補強的經驗為例，設計學院定期舉辦密集的工作營，在學習基礎架構與正規課程的訓練外，會有類似的短期補習班性質的課程，補強專業知識與技能，也讓邀請來的國際大師、國際學生與師生互動，讓我們設計的能量被看到。而打好基礎並得到充足養分後，鼓勵學生向外參加競賽、展演，讓學生在校的學習成效被國際看見，獲獎當然是肯定，但重要的是我們訓練學生的過程，這是可以讓他們一生在設計之路上受用的寶藏。很多東西，豐碩的是它的過程，結果雖然精湛，但過程的意義更重大，學習者必須建立自己的獨特系統，否則就成了理想的孤兒，唯有一棒接一棒往後走，理想才得以永續發展，其中成敗的關鍵在於課程。

談到課程，冠冕堂皇的口號能省則省，但是那些在實踐人眼中「好厲害」的課堂上功夫絕對引人入勝。對於在二〇〇七年及二〇〇九年分別受到美國《商業周刊》等國際肯定的實踐設計學院而言，務實的課程運作不僅是作為領頭羊的資格認證，也是教育現場關鍵性的養分。

面對一顆顆創意種子，每個大一生必修的「創作基礎」課程主要精神就是跨學域的多元學習，為了引領學習者打破慣有的思維模式，師資可能來自四面八方，四個設計領域建築、服裝、產品、平面設計，甚至其他領域如音樂、舞蹈、戲劇、文學等等，不同的老師帶來不同的教學特色。而談到跨領域，設計學院將現有的資源有效地規劃投資、重心聚焦在學生學習上，並努力爭取外部資源與關注，短時間也許看不出明顯成效，但策略性的投資一定能讓學習成果有顯著的改變，加上老師的付出、耕耘，訓練學生活潑不僵化的思維，吸取充足養分，保持自己在一個良好的設計「體質」，這也是實踐在重重條件限制之下卻能達成目標，甚至產出遠超過預期質量效益的原因。

## 全球品牌的實力

「實踐」這個品牌在世界的平台持續曝光，這也是由於學生學習成效獲得肯定，而且國際大師來訪實踐後給予肯定並願意轉介其評價（如學院跨系所的工作營因此受邀到日本東京21_21美術館展出），造就了優質的國際社會觀瞻及知名度。

現在的孩子面臨到許多方面價值觀的挑戰，許多學生是資質很聰慧，在考試方面可以考到台清交等國立大學，最後卻選擇來實踐就讀設計，像是：

服裝系　李安　原來可考到政大會計，後來重考進服裝設計學系。

媒傳系　顧廣毅　原來在念高醫牙醫畢業後，報考媒傳所就讀，同時也考取陽明牙醫。

服裝系　高芸　原就讀台大人類學系，插班進服裝設計學系就讀。

建築系　盛定宇　原就讀清大，轉學考入建築設計學系。

建築系　謝孟翰　原就讀清大，轉學考入建築設計學系。

建築系　羅喜哲　台大物理系畢，投考建築設計學系碩士班。

等等，這也幫助我們不斷省思，可以給這些孩子什麼。在過程中，不斷檢討，找尋自己不足的地方，因此透過跨領域團隊合作的力量是絕對有「加乘」的效果，如與麻省理工學院、藤原大設計師舉辦的跨國工作營等等，讓四系同學在一起玩設計，老師相互合作、同學相互切磋、跨校相互觀摩，課程逐年調整、檢討、修正，加上老師長時間的陪伴，師徒制的教學相長，透過「以手思考」的手做精神去創造，其實就是在態度上回歸設計的本質，一種追求自我實現的過程，並實踐夢想的能力。

## 設計學院跨系所合作平台

因此為了培養學子的創新力，我們非常注重多元生活經驗及洞察力的培養，所以除了各系專業課程的培養外，設計學院更積極於學院「跨領域特色學習平台」之建置與穩定發展，營造以下跨領域學習與對話的空間：例如「跨系所國際設計工作營」自二〇〇八年起，設計學院即連續三年與美國麻省理工大學（MIT）建築規劃研究所與媒體實驗室（Media Lab）師生合作舉辦工作營；二〇一一年與英國倫敦中央聖馬丁設計與藝術學院（Central Saint Martins College of Art and Design）工業設計系Ben Hughes教授合作；二〇一二年起，設計學院與國際知名服裝設計師藤原大（Dai Fujiwara，三宅一生Issey Miyake前主設計師）開始進行為期三年的跨國工作營計畫，二〇一三年工作營成果更遠赴日本21_21美術館展出。二〇一四年成果則以推廣台北周邊觀光景點進行都市現況、環境生態、活化觀光景點等相關議題來發想創作，與台北市觀光傳播局合作工作營校外展。

## 國際設計創作研討會

設計學院每年結合四系所共同舉辦國際設計實務暨理論學術研討會，邀請國內外學者及專家與校內師生共同參與研討會，以學術研究、設計、教學等之具體成果發表交流與學習觀摩。使師生藉由業界及其他設計領域之視野，得到更豐富的設計觀想，拓展美學視野，深入虛構實像之設計哲學。

## 設計學院跨領域教學研討會

設計學院每學年均舉辦跨領域教學研討會，以此平台透過學術同儕、專業社群的對話，分享教學的實用智慧，精進教學品質。分享內容包括課程教學計畫的要項、教學方法與策略的多元運用、歷程性與總結性學習評量的設計與實作以及學生學習成果的展現等。研討會分為「教案分享」與「跨領域座談」兩部分：

教案分享由建築設計、工業產品設計、媒體傳達設計、服裝設計各專業領域教師提出代表性特色課程並分享教案；教案可為一門或多門課程，皆含括該門課程與其他同領域專業課程縱向支援與橫向連貫性（如：前後承接之課程結構、平行支援之課程如何對應……等基礎架構與內容）。跨領域座談由四系邀請校外相關學門領域之專家學者，跨領域四系所對談，共同探討教學方式與教學品質如何多元運用。透過不同領域教師的專業社群教學經驗分享與討論，不僅有效提升教師教學品質，同時也促進跨領域的觀摩學習，其成效亦反映在學生學習成果與參與競賽表現等。研討會之教案編輯成冊，以建立教案範例供未來參考，並與他校交流。

## 設計管理學分學程

連續四年獲得教育部「跨領域學程計畫」及「獎勵大學教學卓越計畫」補助「設計管理學分學程」（Design Management Program），為設計學院四系所的同學建立一個學習產業行銷、管理能力的專屬跨領域互動平台。本學程延攬具有文創管理行銷實務經驗的師資（美國迪士尼前亞太區經營團隊），以培育具有設計創意與產業經營管理能力為本學程之核心教育目標，在學院四學系的主軸課程為基礎架構上建構行銷、管理知識，更邀請多位實務界知名的專家蒞校分享行銷與管理的實戰經驗，以培育設計專長的學生兼具創新與經營管理的能力。

實踐大學設計學院之所以在世界排名中，數一數二，主要原因就在於我們用不一樣的思維、不一樣的角度來辦學，這樣的方式也讓學校在這招生陷入困難的年代，走出不一樣的路！

## 一、系所發展沿革

設計學院設立於一九九七年，現有四系四所，包括：

（一）服裝設計學系／所：成立於一九六一年（設有大學部與進修部），為國內第一所服裝設計科系，現設有碩士班（系所合一）與碩士在職專班。

（二）建築設計學系／所：成立於一九九一年（前身為室內空間設計系，於二〇〇二年更名），二〇〇七年設立建築設計學系碩士班（系所合一）。

（三）工業產品設計學系／所：成立於一九九二年，一九九八年成立工業產品設計研究所，現設有碩士班（系所合一）與碩士在職專班。

（四）媒體傳達設計學系／所：成立於一九九七年（前身為視覺傳達設計系，於二〇〇〇年更名）。二〇〇四年起分為「數位3D動畫設計組」、「數位遊戲創意設計組」招生，現設有碩士班（系所合一）與碩士在職專班。二〇一二年「數位遊戲創意設計組」正式更名為「創新媒體設計組」。

## 二、師資

詳見下表。

**專兼任師資人數**

| 院別 | 系別 | 2013.10.15 學生數（含延畢生） | 2013.10.15專任師資（不含65以上講客座） | | | | | | 短期專任 | |
|---|---|---|---|---|---|---|---|---|---|---|
| | | 日夜合計 | 教授 | 副教授 | 助理教授 | 講師 | 小計 | 助理教授以上師資 | 人數 | 比重 |
| 設計學院 | 服設系（碩） | 871 | 1 | 4 | 10 | 4 | 19 | 15 | 4 | 21.05% |
| | 工設系（碩） | 209 | 2 | 4 | 3 | 1 | 10 | 9 | 0 | 0.00% |
| | 媒傳系（碩） | 307 | 3 | 1 | 9 | 0 | 13 | 13 | 3 | 23.08% |
| | 建築系（碩） | 197 | 0 | 5 | 6 | 1 | 12 | 11 | 0 | 0.00% |
| | 小計 | 1584 | 6 | 14 | 28 | 6 | 54 | 48 | 7 | 12.96% |

## 三、報導與評比

- 二〇〇七年一月《遠見》雜誌調查企業，台灣第一份設計院校排行榜，以四大面向檢驗國內設計系所，結果發現，實踐大學在所有分項中皆拿第一，以遙遙領先的分數拿下總冠軍。台科大和成大分別拿下二、三名。
- 二〇〇七年十月實踐大學設計學院與美國哈佛大學、史丹福大學、麻省理工學院（ＭＩＴ）、Art Center College of Design、英國皇家藝術學院等名校同時獲美國《商業周刊》（*Business Week*）評選為全球前六十強設計校院。
- 二〇〇九年十月實踐大學工業產品設計系所（碩士班）再度獲評選為World Best Design Programs全球最佳前三十強設計研究所，為全台唯一入選校系（與美國柏克萊、史丹福大學、Art Center College of Design、英國皇家藝術學院、中國北京中央美術學院並列）。
- 二〇一二年十月實踐大學設計學院榮獲二〇一二紅點設計亞太區第三名。
- 二〇一四年二月全球知名評比網站Ranker評選實踐大學為全球前三十強

設計校院。

- 二〇一四年四月實踐大學榮列二〇一四年德國iF設計概念獎全球排名第二。
- 二〇一四年八月設計學院榮獲二〇一四年紅點設計亞太地區第三名。

## 近期獲獎

設計學院積極鼓勵學生參與各項國內外設計競賽，藉由參與競賽提升設計能力，及對國內外設計議題之深入探討與了解。近年更屢獲如日本大阪OSAKA設計競賽、NAGOYA Contest、德國紅點（Reddot）設計大賽、德國iF設計大獎、德國output：設計競賽、美國IDEA等國際獎項，表現斐然。歷年設計學院獲得國際大獎總計已逾二千四百四十三件，二〇一二年約二百三十九件，二〇一三年約二百九十六件。

# 10 ×「嘮叨」的校長

大學校長必須妥善處理與董事會的關係；深刻了解學校的使命與願景，推動全面品質管理、創新與策略管理，重視流程與人力資源管理、顧客與市場發展，及經營績效，並將策略方案落實於行政細項當中，學校才能穩定而卓越發展，永續經營。

我在二〇一一年回到實踐大學擔任校長後，一心一意想要好好經營學校，讓實踐大學這塊招牌更加響亮，除了校務行政工作外，我相當重視與老師、學生的溝通，但學生人數多，平時事情又繁雜，想到藉由每月發行的《實踐電子報》，一方面可以讓師生了解學校的點點滴滴，也可以讓大家了解學校做了些什麼，從我二〇一一年八月接校長的「校長的話」大多在這裡原汁原味呈現，更可以看出學校發展、進步的脈絡與軌跡。

## 三出四進實踐大學　二〇一一年十二月

我終於又回到實踐了！八月一日於校長交接典禮上，貴賓梅可望教授致詞時說我是「鳳還巢」。的確，我的工作生涯主要起點與歷練在實踐，歷經三出四進，現在最後又回到了實踐，我很珍惜這個緣分。希望藉由電子報每期和師生校友各界朋友見面聊聊，這一期先簡單作一下自我介紹。

一九七四年我從淡江美國研究所畢業，即到實踐家專事務管理科擔任兼任英文講師，受到科主任林澄枝教授與師生的青睞。一九七八年自美國留學回國即經謝孟雄校長聘任到祕書科擔任專任副教授，歷任語言中心主任、校長（林澄枝）英文祕書、夜間部課務組與註冊組組長。一九八一年奉派至美國加州姊妹校Pasadena City College擔任交換教授並一邊進修博士學位。一九八四年（七十三學年度）奉調回國擔任教務主任，承辦兼招男生、招收五專工作。一九八七年暑假應聘到加州有小台北之稱的Monterey Park創辦鳴遠中文學校擔任校長，並修完諾瓦大學教育博士學位。一九九三年再度回實踐擔任教務長、研發室主任。一九九七年（八十六學年度）獲方錫經校長聘為首任副校長，奉派接掌高雄校區校務。一九九九年（八十八學年度）獲遴選出任靜宜大學校長。二〇〇二年（九十一學年度）轉任嶺東技術學院校長，帶領學校於二〇〇五年（九十四學年度）改名科大，並於二〇一〇年（九十九學年度）獲得教育部教學卓越計畫獎勵；此期間獲選擔任中華民國私立技專校院協進會理事長，代表台灣與大陸進行招收陸生作業洽談，高等教育評鑑中心基金會董事、台灣評鑑協會理事、陸生聯合招生委員會常務委員等職。

自從一九九七年七月起我離開台北校區，到高雄校區、靜宜大學、嶺東科技大學服務共計十四年，圖書館蔡清隆館長謔謂我效法孔子周遊列國（也是十四年）回來了！

過去十四年實踐大學改變了不少，也進步了很多。本人自八月一日上任以來，密集式走訪北高兩校區各單位，重新了解與複習實踐，提出三十項重點校務工作計畫，期望帶領實踐邁向一所亞太著名實用教學型大學而努力，希望全體師生校友共勉之。

在三十項校務工作計畫中，第一項即是今年十二月十九至二十一日教育部規定的綜合校務評鑑。十二月十九至二十日高教評鑑中心將派近二十位評鑑委員蒞校進行兩整天的評鑑，地點在MN棟圖資大樓B2，二十一日下午本校同時要接受環安衛與性平評鑑，請大家全力配合，在研發處的統籌下，做好簡報、檔案資料整理、教職員及學生晤談、校園整理以供委員訪視等，希望本次評鑑本校可獲得五個項目全部「通過」的佳績。

## 綜合校務評鑑過關 二〇一二年一月

本校於二〇一一年十二月十九至二十日接受高等教育評鑑中心的綜合校務評鑑，在研發處的規劃與北高兩校區各單位的全力配合下，已順利圓滿結束了。

這次校務評鑑指標共分為五個項目：一、學校自我定位，二、校務治理與經營，三、教學與學習資源，四、績效與社會責任，五、持續改善與品質保證機制。評鑑結果採分項認可制，分為一、通過，二、有條件通過，三、未通過，希望本校可以獲得五個項目全數「通過」五顆星的佳績。為期兩天的評鑑，高等教育評鑑中心總共動員十九位委員，其中四位只於十九日赴高雄校區實地訪評項目三、四，並將結果提供給在台北校區的委員於二十日作總體評分之參酌。校務評鑑結果大約於下學期結束前會公布。

此次評鑑主要在檢核本校發展定位——一所實用教學型大學，以「四化」「六力」培養學生基本素養與核心能力，校務發展願景與目標作為，以及建立學生學習成效品質保證機制的做法與成果等。本校在成果方面而言，大致優良而且持續改善機制已建立，唯師資結構與升等尚待加強，科技部補助之產學合作計畫尚有努力空間。等評鑑委員意見彙整完畢，我們將召開檢討會議，分項討論逐項設法改善。

五年一次的校務評鑑結束了，我們除了等待好的結果出爐外，全體師生應更積極教學與學習展現優異成果，研擬申請二〇一三至二〇一四年的教學卓越計畫，並及早預作準備二〇一四年的大學系所評鑑。

## 學生學習成效品質保證 二〇一二年三月

本校將於二〇一四年三至五月間接受高等教育評鑑中心評鑑委員進行系所評鑑，此次評鑑的重點在檢核本校的「學生學習成效」。因此本校須確實建立學生學習成效品質保證的各種相關機制。

為因應二〇一四年的系所評鑑，研發處於二月十六日邀請高等教育評鑑中心評鑑業務處處長王保進教授，蒞校以「學生學習成效品質保證認可制之內涵與自我評鑑」為題作專題演講，本人也當場宣布本校二〇一四年系所評鑑準備工作正式起跑。

學生學習成效品質保證認可制之內涵包括：一、學生學什麼？即須確立各系之教育目標與核心能力，讓學生規律地上某些課程，累積多樣化專業知識、技術、態度與行為；二、學生如何學？即透過有效的系務經營與管理，優質的師資與課程，提供學習資源與支援給予學生最佳學習環境與途徑，定期檢核學生基本素養與核心能力；三、學生學習如何評估？即做好學生修讀課程之學習評量；四、問題如何改善？即須建立常態化學生學習成效之品質改善機制，蒐集利害關係人之意見，據以改善教育目標、基本素養與核心能力、課程規劃、教師教學及學生學習之做法等。期待本校全體師生以此為努力目標，共同維持本校學生學習成效的卓越品質。

## 優質實用型教學大學的定位 二〇一二年四月

實踐大學以家政起家以設計學院聞名國內外，五十四年來畢業校友已超過十五萬人，本校的定位及發展目標為「成為一所優質的實用教學型大學」，因為本校的前身是家專屬技職體系，因此本校的特質是「務實致用」，雖屬一般大學的學術體系，卻也具有科技大學的辦學特色。

為讓本校邁向教學卓越與優質實用教學型的目標，我們除了強調培養學生「四化」基本素養與六大核心能力即「六力」外，也重視學生的證照與就業力。二〇一一年十二月十九至二十一日本校接受高等教育評鑑中心綜合校務評鑑作校務簡報時，我就以「一證二照三展演」的口號宣示了此項本校教學的重點與方向。

所謂的「一證」指的就是實踐大學的畢業證書，「二照」指的是自本學年度入學新生起全體日間部學生畢業前須通過一、全民英檢初試及二、電腦TQC等測驗合格及系訂門檻，「三展演」指的是設計學院及音樂系同學大學四年內須完成國內外至少三場的展演。實踐大學的學生要完成「一證二照三展演」才可畢業，如此本校的教學品質可確保，學生的就業與生活能力更可完全獲得保證，祈願本校全體師生共勉之！

## 團結向心力大的全球校友會　二〇一一年五月

本校創校五十四年，校友約有十五萬人，散居國內外各地包含大陸，皆能秉持創辦人謝東閔先生所揭櫫：「力行實踐」「修齊治平」的校訓，一個觀念：勤勞是快樂的，三個習慣：禮貌、整潔、物歸原處的理念與精神，貢獻所學，服務社會人群。

本校校友總會於一九九〇年向教育部登記，成立「財團法人實踐校友文教基金會」。目前在國內九縣市設有分會，並在美國、加拿大、澳洲、日本等地設有分會，且正積極籌備成立上海分會。目前校友總會會長是陳賴美鈴女士；其中美國校友會在南加州、北加州、芝加哥、紐約、德州及大華府區，加拿大在溫哥華、多倫多皆設有分會，而且美加校友更於一九九八年春在華盛頓成立北美實踐大學校友會，創會會長是李清秀女士，現任會長是李瑞芳女士。

一九八六年時我擔任教務主任，當年春假我和林澄枝前校長到洛杉磯成立第一個北美校友分會，創會會長是王富美女士。一九九七年十二月我時任副校長，率領黃博怡學務長與丁斌首組長訪問美國南加州、北加州、紐約、華府、芝加哥校友會，並前往溫哥華成立校友會；翌年春假由謝孟雄前校長領軍在華盛頓盛大成立北美校友總會。

本人十分重視校友們的成就與發展，也因此特別關心校友的活動。去年八月本人回校擔任校長，即在校友總會的安排下，參與台中、台南、高雄及台北四場分區校友會以「品德教育」為主題的活動。同時，於今年三月二十九日至四月八日到紐約參加美東校友會年會與新舊任會長交接典禮，並親赴華盛頓及洛杉磯訪問校友。

校友是學校的資產，他們的社會成就也是學校的成就，爰此，為了加強對校友的服務，本校將在組織上設立專責單位，規劃在學務處成立「職涯發展暨校友服務組」，並在各系成立系友會，加強對國內外校友的聯繫與服務工作，讓實踐大家庭在融入校友的參與下日益茁壯，以期促成校友們皆能以實踐為榮，實踐成為校友在地球村的最愛。

## 中國大陸實踐大學成立華東校友分會

二〇一二年六月

二〇一二年六月十日下午四時三十分實踐大學校友會中國華東區分會在上海誕生了，成立大會在上海市長寧區千禧海鷗大酒店舉行，校長率領謝文宜學務長、設計學院章以慶院長及郭壽旺國際長參與此次盛會。

隨著兩岸政治局勢日趨緩和，交流日益密切，到大陸發展的台商人數也逐年增加，其中以上海華東地區人數最多也較集中。最近幾年來旅居華東地區的實踐大學校友人數也大幅增加，他（她）們以設計及管理學院畢業的校友為主，其中又以服裝設計學系的校友人數最多，他（她）們各有所長，經常聚會交流訊息，人數最高曾達七十至八十人。在服裝科第一屆男畢業生黃浩然的號召下，六月十日當天約有五十位校友出席此次的盛會。除了校友外，當天出席的顧問還包括永和豆漿林炳生董事長，他的夫人是一九八四年家政科畢業的校友，和遠東集團太平洋百貨營運總經理戴蔭本先生，他的夫人是服裝科畢業的校友。

成立大會由田惠慈祕書長主持，在黃浩然校友致詞後，接著分別由陳校長、郭壽旺國際長及章以慶院長致詞。黃浩然介紹校友會成立經過，並召開第一次會員大會，通過組織章程，推舉各組幹部；校長代為宣布第一任會長公推由黃浩然擔任，並贈送大校旗一面，與會長、祕書長、理監事及顧問合影；接著拍團體照，聚餐到接近晚上九時才結束。

恭賀中國大陸實踐大學第一個校友會誕生，也祝福旅居大陸的校友們萬事如意，鴻圖大展！

## 校務行政需要再努力　二〇一二年七月

二〇一一年度下半年大學校院校務評鑑結果，財團法人高等教育評鑑中心基金會於二〇一二年六月二十七日下午二時公布，三十四所受評大學中，評鑑五項全獲「通過」者有二十一校，通過四項有條件通過一項者有七校，通過三項有條件通過二項者有五校，通過三項未通過一項有條件通過一項者有一校，而本校評鑑結果為通過四項有條件通過一項。

六月二十七日評鑑結果公布時，正逢本人在主持教育品質管理委員會會議，由於去年十二月十九至二十日評鑑時大家皆盡了最大努力，相信五項可獲全數通過，在得知有一項有條件通過時研發處同仁皆無法接受，尤其它竟然是項目一「學校自我定位」這麼基本的項目，大家同感唏噓不已。此結果本校得於七月二十六日前提出申訴，否則明年年底將須接受追蹤訪視。

平心而論，項目一獲「有條件通過」之結果實非戰之罪！在評鑑報告書中針對項目一委員們提出四點待改善事項，大意謂一、校務發展計畫流程中，各項語詞如「辦學理念」與「發展願景」、「發展目標」等使用混淆；二、校院基本素養與核心能力之關聯性略嫌薄弱，三環與五育及四化與六力之架構亦不甚清楚；三、二〇〇八至二〇一〇年度中程校務發展計畫之研擬規劃作業似不夠嚴謹，制定機制不完備；四、對師生宣導學校定位及校級學生基本素養與核心能力，未進行宣導成效之評估等。

第一、二兩點主要是本校早已訂定「四化」（生活倫理化、藝術化、科學化、經濟化）作為校級基本素養，它如何與院系基本核心能力「六力」結合，闡述不易；第三點研發處針對中程校務發展計畫已訂有嚴格制定流程與機制；

第四點本校針對學校定位及校級基本素養與核心能力早已對學生作了宣導並作線上競賽與評估，這四點評鑑委員可能在評鑑過程中有發現些許疑點因而對本校要求過分嚴苛了些。無論如何，本校除了有權在規定期限內提出申訴外，本校亦須儘快針對委員們所提出的待改善與建議意見逐項檢討改進，俾利於教卓計畫與下輪系所評鑑之成果，使整體校務發展真正邁向卓越。

## 推動學生服務學習 二〇一二年八月

教育部於二〇〇七年五月九日頒布「大專校院服務學習方案」，推動大專校院服務學習，並於該年十月底編訂《大專校院服務學習課程與活動參考手冊》供各大專校院參考。同時頒布「教育部補助大專校院開設具服務學習內涵課程作業要點」，鼓勵大專校院辦理服務學習相關業務及課程之開設。至二〇〇九年（九十八學年度），全國已有八成大專校院設置服務學習專責單位，並將服務學習課程納入正式學分課程。

二〇〇七至二〇〇九年度首期三年計畫屆滿，為持續推廣服務學習，教育部再提出第二階段接續的五年（二〇一〇至二〇一四年度）計畫。第二階段的五年計畫方案著重服務學習與品德教育的結合，提升教師服務學習的知能，將服務學習融入課程中，以促進學生從服務中學習成長與品德發展。此外，在此階段教育部也強調服務學習與品德教育相關課程及教材的研發，教學方法與評量的創新，及校園服務學習與品德文化形塑等。

服務學習之實施可分為一、結合課程：共同講座、通識課程及專業課程與勞作教育，二、結合學生社團活動兩大類之服務學習。教育部已將本方案納入相關訪視，如私校學生事務與輔導訪視、大學評鑑、通識教育評鑑、校務評鑑及系所評鑑的績效指標。本校以「修齊治平」為校訓，自創校以來即特別重視學生的生活教育與品德教育，因此本校從未間斷實施勞作教育，重視服務性社團活動、國內及國際志工服務，並在通識課程中安排服務學習活動列計學分等，希冀藉由此等系列活動與課程，達到本校之辦學理念，全人教育與品德教育之目標。

## 給新鮮人的一封信 二〇一二年九月

各位實踐的新鮮人，大家好：

校長首先要以無比欣喜的心情，歡迎大家加入實踐大學的行列，成為實踐大家庭的一分子。一〇一學年度（二〇一二年）本校新生錄取人數為台北校區二千六百六十八人、高雄校區一千九百人，合計四千五百六十八人。僑外生共錄取二百三十七人：台北校區一百四十二人來自十六個國家；高雄校區九十五人來自八個國家。此外，台北校區有八名來自歐洲四所大學的一學期交換生及一名芬蘭籍雙聯學制學生。在陸生方面，台北校區錄取了十一名四年制大陸學籍生（大一新生十名、大二轉學生一名）、十七名來自大陸地區六所大學的一學期交換生及一名來自安徽的短期研修生，高雄校區則有二十五名來自安徽四所學校的短期研修生。而本校與福建閩江學院海峽學院合作的學程，本學年度共有三百七十五名大三學生分別到北高校區就讀一年：台北校區三百二十三人（財務金融學系一百八十二人、國際經營與貿易學系九十三人、風險管理與保險學系四十八人）；高雄校區時尚設計學系五十二人。目前台北校區學生人數約一萬零二百人，高雄校區約六千四百人，全校共約一萬六千六百人。希望各位同學把握學習的機會，與來自各地的青年學子互相交流、共同成長，以擁有充實美好的大學生活。

本校創校迄今五十四年，創辦人謝東閔先生為實現我國「修齊治平」的理念，於一九五八年三月創立「實踐家政專科學校」；一九七九年六月改名為「實踐家政經濟專科學校」；一九九一年八月改制為「實踐設計管理學院」；一九九五年八月成立高雄校區；一九九七年八月改名為「實踐大學」。目前北高兩校區共設有民生、設計、管理、商學與資訊及文化與創意等五個學院，計有三十一個學系。學制包括日間學制（含學士班、碩士班及博士班）、進修學制（含進修學士班、學士二年制在職專班及碩士在職專班）與學士後第二專長學士學位學程等。現有專任教師四百零五人，其中助理教授以上師資達百分之八十三。

本校教學成果豐碩，五個學院各具發展特色，其中設計學院尤受肯定，在《遠見》雜誌二〇〇七年全國大學設計科系排行調查中，名列設計實務類第一名，被喻為「台灣的哈佛」，同年亦經美國《商業周刊》（*Business Week*）評選為全球最佳前六十名設計校院；二〇〇九年工業產品設計系所（碩士班）獲評全球最佳前三十名設計研究所；二〇一一年本校榮獲紅點（red dot）設計獎亞太地區大學累計排名第五名，二〇一二年更躍升至第三名。

近年來本校北高兩校區均有新穎的建築陸續完工，提供師生優良的校園環境與設備。地理位置優越的台北校區校地四點五三公頃，其中榮獲第五屆遠東校園建築首獎的東閔紀念大樓，以日本清水模技術展現樸實原始、低調簡約的外觀，襯托本校一貫的人文精神內涵。二〇一〇年落成啟用的圖資大樓與體育館採綠建築思維，兼顧節能與實用，榮獲第三十三屆台灣建築獎佳作。除了硬體設施外，本校九十八至一〇〇學年度（二〇〇九至二〇一一年）圖書預算每年均達二千五百萬元，一〇一學年度（二〇一二年）增為二千五百五十萬元，近四年合計投入一億元以上經費充實館藏。高雄校區校地六十五點五公頃，以現代風格，打造符合地理、氣候及人文環境的在地化建築，成為地景共生的最佳示範。此外，位於高雄市光榮碼頭邊的推廣教育部高雄中心，於二〇〇九年正式啟用，除提供推廣教育及進修部使用外，並作為日間部學生至高雄市區修習課程的上課場所。位於該中心四樓的時尚數位圖書館，是全國第一座以創意設計及文創產業為藏書內容的特色圖書館。

對於各位新鮮人，校長有以下的叮嚀：

**一、發揚實踐精神：**

（一）恪遵校訓：力行實踐，修齊治平。

（二）依循生活教育方針：一個觀念——勤勞是快樂的；三個習慣——禮貌、整潔、物歸原處。

（三）落實創辦人四化理念：倫理化、科學化、藝術化、生產化。

（四）培養六大核心能力：專業能力、語文能力、資訊能力、體適能能力、社會能力、審美能力。

（五）完成「一證二照三展演」：畢業時具備一張畢業證書，兩張以上專業證照；設計類、音樂系學生於國內外完成至少三場的展演。

**二、做好時間管理／讀書計畫／生涯規劃：**

各位進入大學後，要掌握寶貴的每一天，努力求學並積極參加各種校內外活動。另外也要妥善擬訂讀書計畫，除了精讀各學科的專業書籍外，也要閱讀課外讀物以及與未來生涯發展相關的書籍，並準備畢業後的生涯計畫，如求職、進修、考公職或創業等，從現在起一點一滴開始準備。

**三、參與社團活動：**

除系所專業課程外，多元化的課外學習也非常重要。本校學生社團共一百三十六個（台北校區日間部六十三個、進修部十五個；高雄校區五十八個），分學藝性、康樂性、服務性、綜合性、自治性與體能性等六大類，同學可以選擇符合自己興趣的社團參加，以提升個人社會能力、建立人際關係及擴展生活視野。

**四、結交良師益友：**

從今天開始，要設法認識班上每一位同學及系上的老師，同時結交良師益友，遇到學習上、感情上或求職方面的問題，可以向他們請益。若有感情或心理困擾亦可尋求諮商輔導中心的專業輔導與協助。

**五、善用學校資源：**

包括圖書館、電腦設備及網路學習資源、專業教室、諮商輔導中心等。

**六、注意各項安全：**

通勤的同學請多搭乘大眾交通工具上下學，儘量不要騎機車；如果非騎不可，務必謹慎小心，並戴全罩式安全帽。此外，校內外住宿或租屋以及參加各種活動，也務必注意安全。

**七、重視身體健康：**

健康的身體是學習的基礎，尤以抽菸對健康有害無益，請同學不要抽菸，已有習慣者應設法戒除。

最後，祝大家進入實踐，理想實現，成就無限！

## 鮭魚返鄉計畫招收華裔子弟回國求學 二〇一二年十月

為了推廣台灣的高等教育與華語教育，教育部委託十所大學在泰國、越南、馬來西亞、蒙古、印度、印尼、日本、美國等地設立「台灣教育中心」。其中銘傳大學負責美國「台灣教育中心」，並於今年八月順利在密西根州註冊登記為NGO／PO組織。

為因應二〇一六年少子化的來臨及促進大學國際化，召募華裔子弟回台求學，美國「台灣教育中心」於十月二十七日在洛杉磯El Monte市華僑文教中心舉辦二〇一二年第一屆鮭魚返鄉——台灣教育展。本次活動邀請參加的大學共有十五所，包括台大、台師大、中興、中央、交大、高雄餐旅大學、北醫、高醫、中國醫學、中山醫學、中原、實踐、銘傳、淡江及台灣聯合大學系統等大學校院。由教育部蔣偉寧部長親率國際文教處林文通處長、銘傳李銓校長、本校本人和郭壽旺國際長及各校國際招生主管人員三十人赴美舉辦。

此次活動由銘傳大學國際學院張國偉院長主辦，數月前即開始籌備，在中華民國駐洛杉磯台北經濟文化辦事處文化組及華僑文教中心的協助下，一個多月前即在各華文媒體強打廣告，十月二十五日上午十時三十分首先在華僑文教中心召開記者會，華文媒體幾乎全員出席。二十七日上午十時三十分在舉行剪綵開幕前即湧進大批人潮，本校攤位由郭壽旺國際長負責，南加州校友會曲興華會長偕同三位校友蒞臨幫忙，本人隨時上場支援，當天到場詢問並留下資料的學生共計八十七位，讓郭國際長忙得不可開交，喉嚨嘶啞。十時三十分舉行開幕並由蔣部長主持剪綵，本人及曲興華會長亦應邀擔任剪綵貴賓。

十月十九日在出發前本校祕書室即向美國華文媒體發布新聞，獲國際日報刊載；二十五日記者會本人接受世界日報採訪；二十六日至Pasadena上華文電台1300接受專訪；二十七日並接受天下衛視及新唐人電視採訪，整體而言此次教育展對本校在美國之聲譽大有助益。我們發現因為美國學費高漲（如南加大一學分要美金一千四百元）加上華文熱及華裔嚮往中華文化，因此，此次教育展成果意想不到的豐碩，更有不少社區學院（二專）畢業生申請要回台插大並學習華文。對本校而言，美國華裔子弟返國求學，我們要及早做好相關準備，敞開雙手歡迎他們的到來。

## 教學卓越計畫成果豐碩　二〇一二年十一月

教育部自二〇〇五年起在高教經費分配上，做了重大政策性改革，旨在調整平均主義政策，強調績效責任，以競爭性經費及特別預算引導大學分類發展，挹注績優大學，獎優汰劣。是年教育部補助高教經費含特別預算共八百三十四億元，計分兩類：一、基本需求：國立學校校務基金補助四百二十八億（百分之五十一點三），私校獎補助一百八十二億（百分之二十一點八），一般性經費一百零九億（百分之十三點一）；二、引導分類經費：發展國際一流大學（即頂尖大學）一百億（百分之十二），獎勵教學卓越計畫十億（百分之一點二），獎勵產學合作五億（百分之零點六）。二〇〇六年起教學卓越計畫也納入技術學院及科技大學，經費增加為五十億（占百分之五點七），其餘大致維持不變。

二〇〇五年首次教學卓越計畫本校申請失利，之後每兩年一期，至上期二〇一一至二〇一二年度本校七年均未獲通過，截至目前為止北區只有四校尚未獲獎勵。今年教卓期程擴延為四年期，即二〇一三至二〇一六年計畫，為積極爭取，本人自去年八月一日上任以後，即組成教學卓越計畫小組，集思廣益，分工進行二〇一三至二〇一六年實踐大學教學卓越計畫工程。

教學卓越計畫如獲通過，每年至少可獲得三千萬元補助，多則更達一億多元，平均而言如每年獲得五千萬元補助，七年下來自籌款不算至少已獲得三點五億元補助，對本校教學與校務發展必有很大助益。因本校申請多年未獲通過，校內同仁屢有放棄的聲音，本人認為萬萬不妥，因為以中程校務發展計畫為主軸，配合自籌經費作支應，不管有沒有獲得教卓補助，本校本應規劃教學卓越計畫，朝向教卓大學邁進，才不會被汰劣。

教學卓越計畫書主要分成三大部分：一、校務基本資料，二、前次獲得教卓／北一區教學資源中心計畫執行成效，三、教卓計畫書等。校務基本資料即教卓門檻，過去一年教務處、學務處與人資室等單位都做了很大努力，在制度面與施行面均有所改善，北一區教學資源中心計畫也列入管考，績效良好。在計畫書方面，經過一年的努力，於十月十五日完成，正式向教育部提出申請。

本校二〇一三至二〇一六年教學卓越計畫構想書，分五個分項計畫，名稱訂為「創意領航‧職海飛揚」，以全校力挺設計學院，發揮無限創意，打造本校成為亞太設計高教重鎮為目標，申請經費達一點九億元。希望本校師生一起努力，拿到教卓計畫補助，透過典範學習，力求全面提升，精進就業輔導，確保本校畢業生人人職場飛揚。

後記：很高興與全校師生分享一個喜訊——十一月二十八日接獲教育部通報：本校申請「二〇一三至二〇一六年獎勵大學教學卓越計畫」經初審通過。後續須提報詳細計畫書並至教育部簡報，仍有很多的細節工作需要大家持續努力，讓我們共同加油，共創本校之永續未來。

## 設計學院屢獲大獎 二〇一二年十二月

本校多年來積極推動與國外院校進行多元化的國際交流與合作，尤其在設計領域表現傑出，符合國家設計人才培育之使命。

近年設計學院屢獲各指標性國際設計大獎，如德國iF、red dot、美國IDEA、日本Nagoya Fashion Contest等。二〇〇七年美國《商業周刊》（*Business Week*）評選本校設計學院為世界前六十大最佳設計校院；二〇〇九年工業產品設計系所（碩士班）獲評選為世界前三十大最佳設計研究所；二〇一一年本校榮獲紅點（red dot）設計獎亞太地區累計排名第五名優秀大學，二〇一二年更躍升為第三名（如附件1、2）。二〇一二年五月二日《經濟日報》報導德國紅點設計獎，首度宣布世界大學分區排行，本校勇奪台灣私校排名第一。設計學院透過邀請國際大師主持國際工作營與研討會、參加國際競賽與展演、從事國際志工服務及招收國際學生等方式，進行本校設計創意品牌延伸與典範轉移，本校立足台灣，前進亞太，邁向全球，成為亞太設計高教重鎮將指日可待。

## 附件1：實踐大學獲2012年紅點設計獎累計排名第三名來函

reddot

award
online
edition
projects

**Michael J. K. Chen**

**Shih Chien University**
No.70, Dazhi St.
Zhongshan Dist.
Taipei City 104
Taiwan (R.O.C.)

15 Oct 2012

Dear Michael J. K. Chen,

**red dot design ranking 2012**

I am very pleased to inform and congratulate your organisation for being ranked 03 in the red dot design ranking 2012 as one of the most innovative universities in Asia

The red dot design ranking seeks to honour leaders in innovation for their pursuance of design excellence through this compilation of all your organisation's achievements in the red dot award: design award over the past 5 years

The ranking is computed using a weighted formula considering the cumulative number and classes of awards won in the past 5 years of the competition, with a strong emphasis on recency. It serves as a beacon to the world, directing the attention of business, media, designers and the public to these organisations that will surely define our world tomorrow.

The news of your achievements will be duly commended on our red dot websites as well as released to the international press on 19 October 2012.

Once again, congratulations on your great accomplishments.

Best Regards,

Ken Koo
President
red dot design award, Asia

red dot Singapore Pte Ltd
28 Maxwell Road, #02-15
red dot Traffic
Singapore 069120

Tel: +65 6534 7194
Fax. +65 6534 7141
info@red-dot.sg
www.red-dot.de

Co Reg. No. 200501838N

# 附件2：實踐大學獲2014年紅點設計獎累計排名第三名

Red Dot Design Ranking 2014
Design Concept

| Universities – Asia Pacific | | |
|---|---|---|
| Rank | University | Country |
| 1 | Zhejiang University | China |
| 2 | National Taiwan University of Science and Technology | Taiwan |
| 3 | Shih Chien University | Taiwan |
| 4 | Massey University | New Zealand |
| 5 | National Yunlin University of Science & Technology | Taiwan |
| 6 | Tatung University | Taiwan |
| 7 | National Taipei University of Technology | Taiwan |
| 8 | National Cheng Kung University | Taiwan |
| 9 | Hongik University | South Korea |
| 10 | Jiangnan University | China |
| 11 | Samsung Art & Design Institute (SADI) | South Korea |
| 12 | Ningbo Institute of Technology, Zhejiang University (ZJUNIT) | China |
| 13 | Hoseo University | South Korea |
| 14 | Cheongju University | South Korea |
| 15 | East China Normal University | China |

## 務實致用與學用合一

二〇一三年一月

本校的定位為「實用教學型大學」，因此各系課程設計與教學皆以「實用」為著眼，教師教學強調理論與實務並重，培養學生堅實的就業能力，並輔以產業橋接。

為強調務實致用與學用合一，本校自一〇二學年度（二〇一三年）起，以一、企業參訪；二、業師協同教學；三、國內外工作營（坊）；四、國內外競賽；五、國內外展演；六、專題製作（寫作）；七、國內外實習；八、專業證照；九、就業相關學程；十、產學合作；十一、大四在業彈性學習；十二、教師赴公民營機構研習服務或帶薪深耕服務等多元方式，規定每系從中挑選五項落實實施，此即所謂「五搭元素」，具體培養學生的就業力，使學生畢業即能就業，上工即可上手。

由於產業變化快速，為達到「學用合一」的目標，須培養學生自主學習及自我規劃能力，並提早進行職涯探索，以期達到大一定錨、大二定位、大三定型及大四定能之職能品保。因此，本校將透過「勤學齋」端正學生作息，並藉由大一自我學習及職涯探索，落實新生定錨輔導；透過建構蜂巢式多面向學生輔導網絡，加強學生學習輔導；透過推動證照考試與職能認證制度，進行產業師資、專業課程、技能認證等加值型輔導，以確保學用合一。同時，實施大四「810早鳥上課辦法」，並積極擴展學生職能，以落實「專長客製，人才訂單」計畫，全面提升本校學生之就業競爭力。

## 力行實踐，修齊治平

二〇一三年二月

本校基於「力行實踐，修齊治平」之校訓，致力發展成為一所優質的實用教學型大學，以培育術德兼備的實踐人，而達成此一發展願景之關鍵則在於教學品質的良窳。為提升教學品質，本校戮力不懈，其具體做法，茲簡述如下。

一、強化教學專業發展：除了持續發揮教學發展中心的功能外，本校的做法包括：加強教師社群發展、辦理教師專業活動、重視適性輔導與差異化教學、深化TA制度與功能、落實彈性薪資制度、獎勵優秀教師以及延攬國際大師等，以強化教師教學專業之發展。

二、精進教師評鑑與輔導：本校秉持以學生為學習主體的教學理念，積極落實教學評量與教學評鑑，革新教師評鑑與輔導機制，充實教師教學資源與服務，同時建立評量與評鑑回饋機制，以精進教師教學、評鑑與輔導。

三、提升教師教學創新：為因應社會的變遷，體察當前教學科技、跨領域教學及全球化發展的趨勢，本校鼓勵教師落實教學創新，具體做法包括：設計學院聘請國際大師主辦國際工作營、研討會、評圖教學活動及成果展，並給予學分，不但提升設計創作的質量，同時可增進學生的國際觀與國際移動力；設計學院與管理學院開設「設計管理學分學程」，以促進教學創新，並培育學生創意管理的能力；民生學院及其他學院則透過產學合作與實習，掌握市場脈動，深化學習成效。此外，本校於北高兩校區間及與國外姊妹校開設遠距教學課程，利用網路學園進行線上教學與輔導等。

教學是學校教育的核心活動，也是促進學生學習的主要途徑。因此，確保與精進教學品質，持續提升學生學習成效，以追求教學卓越，是為本校全體教師不斷努力的目標。

## 開放大陸專科生來台讀二技取得學士學位 二〇一三年四月

繼二〇一一年開放二千一百四十一名陸生來台就讀大學及研究所後，馬英九總統一月十四日在全國大學校長會議致詞時宣布，將擴大採認大陸學歷，從二〇一一年的四十一校擴大到二一一工程學校共一百一十一所，並開放大陸專科生來台讀二技取得學士學位，即所謂專升本（本科即大學）。教育部已於三月十二日正式宣布此一百一十一所大陸地區大學名單，預定今年九月就會有大陸專科畢業生來台讀二技。相對的，三月二十七日大陸國台辦也宣布，陸生赴台就讀學位試點由北京、上海、江蘇、浙江、福建及廣東六個省市增加湖北、遼寧兩個試點。

大陸有一千二百四十六所高等職業技術學院，等同三專，每年招生約三百二十多萬名，畢業時拿副學士學位，以就業為主，大陸沒有二技學制，如果要再進修只能插大，但大陸管控專升本人數每年只批准百分之五，競爭非常激烈。台灣原未承認大陸專科學歷，為此，教育部已完成修訂「大陸地區人民來台就讀專科以上學校辦法」，正式承認大陸專科學歷，大陸「示範」和「骨幹」專校共一百九十二所，今年先開放十八所，並從沿海福建、廣東試辦招收一千個外加名額來台讀二技，可望以後也會開放參加普通大學插班讀大三。

台灣因為五專只剩十四所，二技已大幅萎縮，目前尚有五十八所技術學院和科大開設二技，核定招生名額二萬多人，平均註冊率約六成，增收陸生不但可解決二技招生不足之問題，並可為二〇一六年少子化的來臨預作準備，只可惜今年教育部遲至二十五日才公布招生細節，由於兩岸作業時間過於倉促，招生可能不樂觀。

# 實踐大學永續發展預算制度建置說明

二〇一三年五月

## 一、前言

過去一年多以來，在全體師生的共同努力下，本校於二〇一一年度接受大學校院校務評鑑獲五大項目全數通過，今（二〇一三）年更榮獲教育部第三期獎勵大學教學卓越計畫補助，二年期經費共計六千萬元，使本校得以擠進「績優」大學之列。教育部自二〇〇五年度起，即以競爭型的教卓經費引領高教發展，本校直到今年方獲補助，在整體規劃上實已較其他學校晚了八年。為期校務得以永續經營與發展，本校於二〇一三年四月九日邀集北高兩校區所有學術及行政單位一、二級主管，召開「實踐大學永續發展預算制度建置說明會」，從財務面分析學校現況，為一〇二學年度（二〇一三年）預算編列訂定目標與原則，並為本校目前財務狀況及未來面臨少子化問題共謀因應策略。

## 二、少子化衝擊

根據教育部的統計，一〇五學年度（二〇一六年）是少子化衝擊大學校院招生的起點，屆時入學新生人數預估將較一〇四學年度（二〇一五年）減少五萬人。少子化不是九十度的直切法，而是冰山崩盤的效應，在學生人數與學校數量失衡的情況下，未來招生缺額恐將導致高達半數的大學校系面臨退場的窘境。為因應少子化現象，有些學校已提早開始在支出面做調整，例如不發年終獎金，有的則以教師評鑑、考績、年度成果等作為年終獎金發放標準，金額在零點一至零點三個月或零點二五至一點五個月薪資不等；也有學校酌減教師、職員人數，以降低人事成本與相關業務費用。長期以來，本校同仁對於外在競爭未能充分體認，以致爭取教卓計畫腳步較慢，實應深切省思，並應把握機會化危機為轉機。

## 三、近期校務工作重點

本校一〇一至一〇二學年度（二〇一二至二〇一三年）校務工作重點有以下五項：

（一）準備二〇一四年三至五月系所評鑑，目標為全部「通過」；商管類、資訊類學系則分別申請ＡＣＣＳＢ、ＩＥＥＴ認證（研發長負責）。

（二）執行二〇一三至二〇一四年度教學卓越計畫，打造本校成為「亞太設計高教重鎮」（教務長及各分項計畫主持人負責）。

（三）準備因應一〇五學年度（二〇一六年）少子化的來臨（全校各單位全面啟動）。

（四）台北校區第三期改建工程（總務長負責）。

（五）高雄校區第二期校地開發計畫（副校長負責）。

## 學校永續發展共謀對策　二〇一三年六月

### 四、一〇二學年度預算編列原則

（一）收支平衡原則：各單位編列預算應量入為出，並於每季檢視預算收支情形，以確保財務健全，維持年度收入與經常支出、資本支出之平衡。

（二）計畫預算原則：預算須以計畫為依據，計畫則須符合短中長程校務發展目標與策略。

（三）資源共享原則：預算編列應以全校整體效益為優先考量，兼顧部門需求，避免任何型態之本位主義，以發揮資源最大效益。

（四）發展特色原則：預算編列應以發展系所特色為主，並發揚創辦人創校宗旨與精神。

（五）撙節支用原則：在校舍整建及校區開發之際，採緊縮預算方式編列，待財務狀況改善，再調整預算編列原則。

（六）資源開發原則：除學雜費收入外，全校各單位均負有資源開發之責任，以厚植本校實力，共同因應少子化衝擊與配合教學卓越計畫執行之需。

（七）完整編列原則：年度所有收入與支出均應納入預算，不得漏列，以避免執行時提出追加預算之需求，或因經費不足無法完成計畫目標。

## 五、結語

展望未來十年，本校預算收入面再增加的空間有限，支出面則因少子化現象及學校人事晉薪等因素逐年增加成本，唯有及早面對，才能解決問題。藉由本次預算制度建置說明會，本人在此呼籲全體同仁跳脫本位思考，為學校永續發展共謀對策，並全力配合以下規劃重點：

（一）力行開源節流（全校各單位全面啟動）。

（二）召開永續發展共識營（研發長負責）。

（三）成立少子化因應策略小組（副校長召集）。

（四）研擬本校完善之中程財務規劃，公布系院編列預算原則（會計主任負責）。

（五）降低人事費用支出，並修訂人事相關規章（人力資源室主任負責）。

## 期勉畢業生「出門走好路，出口說好話，出手做好事」 二〇一三年七月

今年，本校共有三千七百三十五位同學畢業（台北校區二千三百九十六人；高雄校區一千三百三十九人）。首先，我要向畢業生致賀，恭喜你們經過這幾年的努力，即將從實踐大學畢業。同時，我也要代表全體畢業生向家長及老師致謝，謝謝你們的諄諄教誨，以及在各方面給予的支持、鼓勵與提攜。在這個喜悅的日子，我要祝福各位同學展翅高飛、鵬程萬里，也要藉這個機會談談我對你們的叮嚀與期許。

根據內政部的最新統計，台灣人民的平均壽命，男性是七十六點一六歲，換

算約二萬七千八百一十七天，女性是八十三點零三歲，約為三萬零三百二十七天，希望同學要好好利用時間，珍惜每一天的光陰。各位在順利完成現階段的學業後，不論選擇投入職場或繼續深造，我要提醒大家：從今天開始，你們要正式地展開與時間賽跑的生活，妥善做好時間管理與生涯規劃，把握機會，創造人生。

離開校園後，你們即將面臨與課業壓力大不相同的各種挑戰與競爭，如何提升自我，使自己嶄露頭角，除了要強化本校教學一向注重的專業能力、資訊能力及外語能力之外，也要培養表達能力、人際溝通能力、團隊合作精神、執行力與抗壓性等職涯成功的要素。你們今天拿到了文憑，取得了學歷，只是奠定了學習基礎；未來還是要保持終身學習，不斷累積實力，以提高自己在社會環境中的競爭力。

努力工作、發展事業相信是大多數同學畢業後最主要的目標，請大家務必注意身心靈的保健與修養，因為健康的身心是事業的基礎，也是人生最大的財富。我也希望各位的生涯規劃中包括社會服務，例如擔任志工，以實際的行動關懷他人，不但可以幫助有需要的人，也可以從中成長自己。

在大家即將各奔前程之時，我要再次提醒你們落實創辦人謝東閔先生所訓示的一個觀念——「勤勞是快樂的」，三個習慣——「禮貌、整潔、物歸原處」，並發揚「實踐」精神，凡事腳踏實地，由小而大，由近而遠，不好高騖遠，不誇大虛浮，不僅把事情做完，還要把事情做好，更要勇於創新，追求卓越！

請各位記得實踐大學永遠是你們的家，歡迎你們隨時返回母校，也歡迎大家加入海內外各校友分會。最後，我要勉勵即將踏出校門的畢業生：「出門走好路，出口說好話，出手做好事」。我代表全校的師長及在校生，再次祝福你們前程似錦，幸福美滿！

## 兩岸高校實施雙聯學制啓動　二〇一三年八月

台灣一直希望大陸專科生來台灣「升本」（升大學），因為大陸每年專科生限制只有百分之五可以升本科，其餘百分之九十五的畢業生（約三百多萬人）只能投身職場，其中還是有不少人想繼續升學，而台灣擁有比大陸更好的技職體系，更能授予學士及以上的學位。現在擴大採認大陸學歷，也承認大陸一百九十一所「骨幹」及「示範」專科學校學歷，今年試辦招收福建及廣東十八所專科畢業生來台修讀二年制學士班，未來甚至可能插大，這對台灣因少子化而即將面臨大量學生短缺的學校，應該會是重要的學生來源。

擴大採認大陸學歷後，另一個重要的意義，就是有利兩岸高校實施雙聯學制。根據教育部統計，至二〇一二年十二月底為止，台灣有八所大學與大陸十八所高校簽訂二十三項雙聯學制合作協議書，兩岸進行校對校之雙聯學制合作，不但可深化兩岸高教學術交流的內涵，更可發揮優勢互補的功效。雙聯學制生通常以交換生身分進行，不受來台陸生名額限制，較具彈性，雙方可有計畫地進行，展現特色合作，共創雙贏。因為目前尚屬起步階段，兩岸高校進行雙聯學制交流還有很大的發展空間。與大陸高校進行雙聯學制，首先，語言沒有隔閡；其次，大陸不少學校也慢慢擠進一流大學的行列，對未來台灣的學生念完本地學士後，要到大陸去念碩博士都有好處。

（本文節自《高教技職簡訊》第七十九期電子報）

## 歡迎實踐新鮮人 二〇一三年九月

親愛的實踐新鮮人：你好！

經過了多年的努力以及多元入學管道的考驗，恭喜你成為實踐大學的一分子，本人謹代表全體師生表達最誠摯的歡迎。

本校於一九五八年由謝前副總統東閔先生創立，近五十六年來，秉持「力行實踐，修齊治平」的校訓，強調「創新、實踐、至善」的辦學理念，是一所優質的實用教學型大學。目前全校有二個校區，台北校本部設有民生、設計、管理三個學院，計有十六個學系、十二個碩士班及一個博士班，學生約一萬人；高雄校區設有文化與創意、商學與資訊二個學院，計有十五個學系，學生約六千人。此外，還有來自世界各地的僑外生以及大陸地區的學生，形塑本校成為國際化的校園。

本校自創校迄今，學校規模和整體發展與時俱進，北高五個學院各具特色，教學成果豐碩，校務經營及辦學績效深受各界肯定，如二〇一一年度接受大學校院校務評鑑獲五大項目全數通過，今年更榮獲教育部二〇一三至二〇一四年獎勵大學教學卓越計畫補助。在資源豐富的學習環境中，本校四百多位專任教師及三百多位行政人員，都十分樂意提供各方面的指導、協助與服務。

進入大學後，同學不只要修滿畢業學分，也要安排時間參加社團活動；不只要讀教科書，也要有計畫地閱讀各類課外書籍；不只要在課堂學習，也要把握機會赴企業參訪或實習；不只要融入校園生活，也要盡量參加國際與兩岸交流活動。在大學階段，要訂定學習目標與計畫，做好時間管理，充實你的能力，享受你的青春，做一個全方位的實踐人。

再次熱烈歡迎你，祝你「進入實踐，理想實現」！

## 歡迎吳憶樺返鄉探親　二〇一四年一月

二〇〇四年在台灣的一樁兒童監護權之爭，演變成轟動全球搶人事件的主角——台巴混血兒吳憶樺一月三日至十九日在本人兼任董事長的天主教博愛基金會的協助與安排下回台探親，當年二月十日法警、書記官將吳憶樺強制執行帶出叔叔吳火眼家，家屬難分難捨，拚命搶人，吳在人群中被拉扯，哭泣無辜的畫面，令人難忘。

吳憶樺的父親吳登樹是高雄茄萣的漁民，一九九四年出海時，在巴西認識吳憶樺的母親瑪利莎，一九九五年生下吳，但兩人並未結婚，吳留在巴西與母同住，吳父繼續隨船捕魚。一九九八年瑪利莎因血癌病逝，吳憶樺由外婆羅莎繼承監護權，二〇〇〇年十一月一日吳登樹到巴西辦理公證，將吳憶樺的監護權授權給羅莎。二〇〇一年三月十五日，吳登樹帶著吳憶樺回台灣探親，不料竟於三月二十九日因心臟病驟逝，之後吳登樹胞弟吳火眼自稱是吳憶樺的監護人，為他登記戶籍以進入高雄茄萣國小就讀。二〇〇一年七月，羅莎來台與吳火眼展開談判，吳拒絕讓吳憶樺返回巴西，雙方告上高雄地方法院，法院對交付被監護人之訴，二〇〇三年十一月判決確定吳火眼應將吳憶樺交付予羅莎，並限令吳火眼最遲在二〇〇四年二月九日前，將吳憶樺交付羅莎委託的巴西商務中心，因此引發當時那場令人難忘的搶人事件。

吳憶樺監護權案經由國內外媒體包括CNN報導，成為國際新聞，他的境遇和古巴伊利安．岡薩雷斯類似，常被媒體引述，當時更引起巴西人民群體憤怒，成為影響台巴關係一觸即發的未爆彈。經由天主教博愛基金會歐晉仁執行長在巴西從中斡旋、前董事長廖修三律師在台灣協助處理並籌措旅費，二〇〇四年二月十一日吳憶樺由嬸嬸李素華、巴西駐華代表裴瑞拉、廖修三律師及媒體記者等陪同飛回巴西，抵達聖保羅機場時，巴西警方直接把他帶回交給羅莎。

闊別台灣十年，吳憶樺回來了，她由養母、義兄及媒體記者陪同返台，隨行的還有巴西聖保羅博愛服務團主委李宗德女士，她和夫婿歐晉仁執行長在兩地幫忙協商，才促成了這樁美事。吳憶樺此行由博愛基金會居中擔任平台，經費由台北雙溪、南門扶輪社、外交部NGO委員會及台巴社會愛心人士贊助，行程包括返鄉祭拜父親，並配合在台親人的工作時間與他們相聚四天，此外也參訪偏鄉兒童關懷站、參與愛心公益活動等。為表達歡迎吳憶樺回台讀書之善意，本人表示實踐大學可提供外籍生獎學金免學雜費，屆時將依學校程序提出申請與審議，不影響一般本地生之權益。

吳憶樺已年滿十八歲，他的境遇很特殊，希望他此次返鄉探親，能擴展視野，增強對台灣的認識與情感，也希望全世界知道，台灣是個重視人權、友善及具愛心的國家。期盼吳憶樺未來成為一個有為的青年，為台灣與巴西及國際社會做出貢獻。

## 歡迎中青代校友加入實踐校友會　二〇一四年二月

本校自一九五八年創立迄今已有五十六年，校友約十萬多人，校友總會於一九九〇年五月向教育部登記，成立「實踐大學校友文教基金會」，協助校友會的運作。為了加強對國內外校友的服務，本人上任後於學生事務處成立「職涯發展暨校友服務組」，目前由企業管理學系薛宗仁老師擔任組長，主司其職。

關心校友的動態與發展，並積極參加海內外校友會的活動，是本人治校的一項重點工作。自二〇一一年八月起，本人曾分別訪問國內北中南各校友分會及美國、加拿大、日本、澳洲、上海等地校友分會，並在巴黎、北京與長春設置校友分會籌備處會長，目前則規劃訪問溫哥華、洛杉磯、舊金山及芝加哥等校友分會，並籌劃成立香港、澳門校友分會，下一步可能在大陸台商聚集的深圳、廈門以及陸生較多的福州設校友分會籌備處聯絡人。

一般而言，畢業後會積極參加校友會的校友，多在事業有成或子女就讀大學後，年約四十五至五十歲左右。根據本人走訪國內外校友分會的觀察，旅居美國、加拿大、澳洲、日本的校友大都是早期家專時代的女性校友；台灣則老中青世代男女都有，而到大陸發展的多屬中青代。一九八五年本校開始兼招男生後的校友，現在年約五十歲左右，他們多已事業有成、子女獨立，在國內發展者居多，到大陸發展的也不少；和早期校友相較，到美加、日本、澳洲發展或定居者則較少。

二十年來，本校僑生人數逐年增加，二〇一四年在學人數達三百五十二人，他們主要來自澳門、香港、馬來西亞和印尼，畢業後多回僑居地發展。此外，本校外籍生也逐年增加，他們主要來自歐洲的德國、荷蘭、芬蘭及美加等國，我們可以聯繫畢業僑外生組織校友會，讓大家彼此聯誼、相互協助，並加強他們與母校的互動。

自二〇〇九年起，本校的大陸學生人數亦逐年攀升，包括交換生、短期研修生以及二〇一一年起招收的正式學籍生，二〇一四年在學人數達三百零四人，除閩江學院與莆田學院「3＋1」學生來自福建外，其餘來自大陸各地。這些學生都還年輕，且大部分還在學，我們可依其來台類別分地區建立資料，並委由大陸校友分會與籌備處聯絡人就近照顧，與他們保持聯繫與互動。

衷心期盼全體校友加入實踐大學各地校友分會，尤其歡迎中青代校友（包括僑外生與大陸學生）成為各分會的一員，為母校盡一分心力。

## 大陸頒布實施「反分裂國家法」九周年的省思　二〇一四年三月

二〇〇五年三月十四日大陸第十屆全國人民代表大會第三次會議，以二千八百九十六票贊成、零票反對的表決結果通過「反分裂國家法」，並由國家主席胡錦濤於當日公布實施，距今已屆滿九周年。這是一部針對台灣海峽兩岸關係的中華人民共和國基本法律，旨在強化反台獨的法律基礎，並授予中共對台動武的法律依據。雖然兩岸關係自馬英九總統執政以來，已大幅改善並有所進展，但此法所埋下的伏筆，不容小覷，值得大家省思。

反分裂國家法的起源有其時空背景。二〇〇〇年陳水扁總統上任後，陸續推動新憲並提出一邊一國論，「台灣獨立」的意識在民進黨執政下逐漸升高，引發中共內部、尤其軍方的憂心與反彈，因此，為了「反對和遏制台獨分裂勢力分裂國家，促進祖國和平統一」，大陸各方即有「統一法」、「台灣基本法」與「反國家分裂法」的建議，最後根據大陸憲法制定了「反分裂國家法」。

該法全文共有十條，開宗明義地宣示：「世界上只有一個中國，大陸和台灣同屬一個中國，中國的主權和領土完整不容分割。維護國家主權和領土完整是包括台灣同胞在內的全中國人民的共同義務。」該法第三條將台灣問題定義為「中國內戰的遺留問題」，因此「是中國的內部事務，不受任何外國勢力的干涉」。第五條許諾和平統一後，台灣將可實行與大陸不同的制度，高度自治。第六條則載明大陸政府鼓勵和推動兩岸人員往來交流、推動經濟合作與「三通」。第七條則主張透過台灣海峽兩岸平等的協商和談判，解決兩岸問題，協商談判事項包括結束敵對狀態、發展兩岸關係的規則、和平統一的步驟和安排、台灣的政治地位、台灣的國際空間及與實現和平統一的相關問題等六方面。

最受矚目的是第八條明列在三種情況下，大陸得採取「非和平方式及其他必要措施，捍衛國家主權和領土完整」，意即可以對台動武。這三種情況是：一、「以任何名義、任何方式造成台灣從中國分裂出去的事實」，或者二、「發生將會導致台灣從中國分裂出去的重大事變」，或者三、「和平統一的可能性完全喪失」。其中第三項被認為是一項可以被非常靈活解釋與執行的條件。

反分裂國家法反映大陸對兩岸現狀的看法，即兩岸目前處於治權不統一的「分治」狀態，而不是主權不統一的「分裂」狀態，該法的目的即在避免中國的分裂。

自從二〇〇八年以來，海基、海協兩會共舉行八次江陳會，兩岸完成簽訂二十一項協議。今年二月十一日陸委會主委王郁琦與大陸國台辦主任張志軍在南京舉行正式的「王張會」，兩人互稱「主委」、「主任」，這是兩岸六十五年來首次的部長級會談，代表雙方明認對岸政府分治的現實。依照反分裂國家法的精神，大陸期藉由兩岸的交流與協商談判，達到和平統一的最終目的。大陸一手對台進行交流，另一手仍對台採取外交孤立與軍事布局，加強滲透與統戰的作為，造成先經後政的緩和氛圍，以達到雙方進入政治談判的目標。依此情勢看來，在王張會之後，「馬習會」是必然的下一步。

在可預見的未來，不論是政治性的談判或馬習會，兩岸和平統一進行的方式與時程表勢必被搬上檯面納入議題。自反分裂國家法通過後，據報導每次大陸舉行全國對台工作會議時，和平統一時程都會被提及，甚至達成年限共識，這也涉及台灣多數民意堅持「維持現狀」，是否被大陸靈活解讀成等同「和平統一的可能性完全喪失了」。無論如何，屆時台灣如何因應，的確值得大家深思。

## 解服貿僵局　陳振貴校長建議退場時間點　二〇一四年四月

反服貿學生占據立院議場二十天，實踐大學校長陳振貴今天建議，尋求立院同意先立法再審查，或與總統會面尋共識，以解開僵局。

反服貿學生團體三月十八日衝入立院占據迄今，已進入第二十天。立法院長王金平今天也首度進入議場，並發布聲明指出，兩岸協議監督條例草案完成立法前，不召集兩岸服務貿易協議相關黨團協商會議。

實踐大學校長陳振貴表示，現在的僵局必須儘速解決，否則學生長期抗爭，疲困不堪，容易失控失序，而國會癱瘓，多項民生法案延宕，也造成政府空轉，同時為台灣消耗龐大的社會成本，造成社會不安和焦慮。

陳振貴指出，服貿衝擊多項產業，簽訂過程不夠透明，導致立法院朝野意見分歧，民眾也有諸多疑慮，加上立法院內政委員會的程序問題受質疑，因此引發這波反服貿行動；雖然肯定學生團體為程序正義發聲，但占據國會並非長久之計，應盡快尋求退場時間點。

他也提出幾項建議，如在立法院長王金平背書下，取得先立法再審查的共識、尋求民主進步黨加上其他十一名立委簽署先立法再審查的同意書、由總統馬英九接見學生代表、社會公正人士等，大家共同討論並達成共識，也可蒐集人民廣泛意見送交行政院及立法院後，主動宣布退場。

（本文轉載自二〇一四年四月六日中央社記者許秩維報導）

## 共敘一堂　做對選擇　邁向成功　二〇一四年五月

尊敬的各位領導，各位老師，各位同學，大家好！

人生的目的是在追求成功與幸福，而要成功必須在關鍵時刻懂得掌握機會，做對選擇！

我來自寶島台灣，今天和大家共敘一堂，談談各位同學如何掌握機會，做最佳選擇，邁向成功！

首先，我要告訴各位：自二〇一一年一月起，台灣承認大陸四十一所高校學歷，同年九月起，正式招收高中以上畢業生，赴台就讀本科及碩士、博士學位。二〇一三年，台灣更擴大承認一百一十一所二一一工程高校及一百九十一所專科學校學歷；二〇一四年四月又增加承認十八所專業獨立高校學歷。這是各位求學生涯一個嶄新的機會，也可能是一個重要的選擇。

阿里巴巴集團主席馬雲說：選擇就是機遇，而機遇就是成功最大的因素。你現在為什麼坐在這裡？來聽演講。而這場演講的主要目的，是要大家一起來了解如何邁向成功。

陳安之在《為成功改變環境》一書中提到：「你無法選擇你的父母，但你可以選擇誰是你的老師、同學和朋友。」是的，我們要選擇好的道路，抓住寶貴的機會。以如何選擇完成你人生夢想的大學來說，大學赴台灣求學就是一個寶貴的機會與很好的選擇。對於有關赴台求學、如何申請就讀實踐大學的具體報名手續及相關訊息，請詳見「海峽兩岸招生服務中心」網站（http://hxla.

gatzs.com.cn）。

以下我將針對如何邁向成功的人生，做進一步的闡釋與解說。

人生短暫，如何把握光陰，必須做好生涯規劃。生涯規劃的內容包括知己知彼，即了解自我與社會環境，以及做求學或求職的重大抉擇。每個人必須做妥個人SWOT分析，培養個人競爭優勢，並透過終身學習發展潛能，從錯誤中學習成長，認知成功的原則與習慣，為成功的人生奠下良好的基礎。

成功的四P條件如下：

一、Pencil and paper：著手將目標形諸文字

二、Plan：制定計畫

三、Passion：熱忱能驅動一切

四、Perform：行動

歷史上成功的人物，既有毛澤東主席那樣有高深理論的人，也有張飛那樣目不識丁的人；既有朱鎔基那樣性格剛烈的人，也有周恩來那樣從容不迫的人，以及甘地那樣心地寬厚的人。成功似乎跟我們想像的不大一樣？其實，優秀成功的人在性格、心胸、知識程度各方面可以完全不一樣，唯一相同的是他

們都在關鍵時刻懂得改變自己，做對選擇，立刻行動。

祝大家學業進步，也希望各位隨時把握機會，做對選擇，邁向成功！

（本文為陳振貴校長二〇一四年四月二十九日於上海市青浦高級中學演講內容摘要）

## 「校務發展共識營」重點工作　二〇一四年七月

自一〇〇學年度（二〇一一年）起，在本人倡議下，本校每學期由研究發展處負責舉辦「校務發展共識營」，以凝聚同仁向心力，並訂定年度工作計畫與目標，期使校務得以永續經營與發展。在全體師生的共同努力下，本校於二〇一一年度接受大學校院校務評鑑獲五大項目全數「通過」，二〇一三年更榮獲教育部第三期獎勵大學教學卓越計畫補助，二年期經費共計六千萬元。此外，本校獲得教育部私立大學校院校務發展計畫獎補助款亦年年增加，二〇一四年度達九千四百六十萬八千九百二十二元。

今（二〇一四）年六月二十三日，本校舉辦一〇二學年度第二次共識營，出席人員包括講座教授、學術及行政單位一、二級主管、各學系教師代表及各院系執祕。本次邀請曾任教育部部長及中國醫藥大學校長的黃榮村講座教授蒞校進行專題演講，講題為「大學校務的關鍵治理與特色表現」；單位工作報告則以「校務資訊系統規劃」（丁斌首副校長負責）、「財務規劃與責任中心預算制度」（吳瑞紅會計主任負責）及「招生策略規劃」（黃博怡教務長負責）三大主題進行說明與討論。

以下為現階段本校校務發展重點工作：

一、因應少子化來臨，加強國內及境外招生。

二、開源節流，平衡年度預算。

三、規劃一〇三至一一二學年度（二〇一四至二〇二三年）財務收支計畫。

四、自一〇四學年度（二〇一五年）起實施「責任中心預算制度」。

五、嚴謹執行二〇一三至二〇一四年教學卓越計畫；準備成果展／訪視，並申請二〇一五至二〇一六年度教學卓越計畫。

六、全面更新校務資訊系統。

七、更新並充實英文網頁內容。

八、管理相關院系所通過ＡＣＣＳＢ認證；ＩＢＡ、ＩＭＢＡ班改隸管理學院學程。

九、博雅學部組織變革。

十、執行重大營建工程計畫：

（一）校本部：ＣＧ棟整建、興建第三宿舍、ＤＥ棟整建、音樂大樓區整建。

（二）高雄校區：第二期校地開發、興建內門校區學生宿舍。

十一、調漲一〇三學年度（二〇一四年）碩士班及碩士在職專班入學新生學雜費。

十二、推展校辦創投事業：如實踐大學PRAXES品牌概念店、內湖親子館暨托嬰中心、華語中心等。

十三、教師「一人一成果」：如研究計畫、產學合作（研究）、指導／作品展演等。

十四、落實推動「五搭元素」：專題製（寫）作、國內外實習、業師協同教學、大四就業彈性學習、國際競賽、展演、專業證照、產學合作、就業學程、企業參訪、教師赴公民營機構研習等。

期待藉由校務發展共識營，凝聚北高兩校區同仁對校務發展目標策略與做法之共識，大家同舟共濟，一起努力，使本校明天比今天更好。

## 陸生可以緩解台灣大學校院少子化危機

二〇一四年九月

因為少子化的關係，一〇五學年度（二〇一六年）台灣的大學生源將比前一年減少約三萬人，據估計屆時台灣一百六十所大學校院恐有八十所受到影響，三十所面臨退場轉型或縮班的困境，更嚴重的是將有千名博士師資面臨失業，勢必在台灣社會投下一顆震撼彈。

為因應少子化的來臨，教育部十多年來，已從政策面採取不少措施，包括獎勵招收境外生、開放招收大陸學籍生與短期研修生等，其中以招收陸生績效較為顯著，但涉及的問題也較複雜，值得探討。

二〇〇九年秋季起，大陸高校開始大批選派學生付費來台短期研修。二〇一〇年八月十九日，立法院通過了承認大陸學歷、開放陸生來台修讀學位的「陸生三法」。二〇一一年一月，教育部公布第一階段承認大陸以九八五工程為主的四十一所大學學歷，接著台灣成立「大學校院招收大陸地區學生聯合招生委員會」（簡稱陸聯會）；大陸教育部則在北京成立「海峽兩岸招生服務中心」，負責兩岸招生事務工作。二〇一三年一月，教育部進一步公布承認大陸一百一十一所二一一工程大學，五月又公布承認一百九十一所示範及骨幹專科學校學歷，二〇一四年四月再增加承認十八所專業獨立高校學歷，使台灣認可的大陸大專院校達三百二十所。

在短期研修生方面，兩岸的界定為「校對校」的交流，可以是一學期或一學年的交換生或付費研修生。二〇〇九年大陸高校來台的短期研修生為二千八百八十八人，之後人數年年攀升，二〇一〇年有五千三百一十六人，二〇一一年一萬一千二百二十七人，二〇一二年一萬五千五百九十人，二〇一三年達二萬一千二百三十三人，二〇一四年上半年則已有一萬零四百二十八人。

在正式學籍生方面，二〇一一年台灣提供二千一百四十一個名額，開放招收北京、上海、江蘇、浙江、福建及廣東六個省市學生來台就讀大學及碩博士班，第一年只有九百二十八人來台就讀，二〇一二年為九百五十一人。二〇一三年增加湖北、遼寧二省，名額增加為二千八百五十名，最後註冊報到一千七百四十七人；另外也開放九百五十五個名額給福建、廣東二省十八所專科學校參加專升本考試之應屆畢業生來台就讀二技，但僅有七十五人註冊報到。二〇一四年招生名額增加到四千七百名，內含一千名專升本，並開放公立大學二百五十六個學士班名額，在放榜後共錄取陸生二千七百三十四名。目前各校陸續開學，陸生也正來台註冊就學中，如果扣除已畢業之碩士生，在台大陸學籍生約有六千二百三十人，加上短期研修生，陸生一年在台學生人數約達二萬七千五百人，這個數字正好可以彌補一〇五學年度大學校院因少子化造成第一波的招生缺額。

筆者曾參與二〇一〇年兩岸招生洽談，據了解兩岸高校招生並未簽訂任何協議，也未包含在海基、海協兩會所簽訂的二十一項協議當中，只能算是「九二共識」的一項延伸。二〇一三年留台境外生有七萬八千二百六十一人，含學籍生三萬三千二百零六人，其中以馬來西亞和香港籍學生人數增加最多。如果加上陸生人數，看樣子少子化海嘯的來臨似乎沒那麼可怕，倒是在這個過程中，全國校系地域的自然盤整、各校招收國際生及陸生的成效、兩岸高教與招生政策的穩定及台灣各大學校院學生宿舍的供應量，應是一〇五學年度（二〇一六年）各校存活與勝敗的關鍵。

# 第三篇
# 校長的内心話

# 11 實踐志願服務　博愛基金會的扎根與落實

當大學校長是個偶然也是必然，個人一直認為，校長是個需要奉獻及全心投入的工作，我是將大學校長的工作當成志工在做。我認為人生有六件事要做：一、終身學習；二、熱愛並完全投入自己的工作；三、擅於理財；四、經營好家庭、婚姻與人際關係；五、身心靈之修養與保健；六、積德行善，做志工。

我最早參與志工工作，是我三度出國後回台灣定居時，那是一九九三年十一月，我是那年的八月回到實踐大學擔任教務長。回到實踐大學時，以前學校很少主動去參加社區活動，我是第一人，後來一直與大直社區密切合作，我當時跟社區人士說，我在美國就是做這個，社區開會時以前只會通知學校的一名職員參加，在我出席時他們沒想到竟然是教務長自己來，為了尊重我，他們說「那你當監事吧，其他職位我們都已安排好了。」

## 社區服務參與《大直報導》

我初接時，大直的社區報是以粉紅色紙印刷，只是一份月報，主要是刊登帳目，說明守望相助費用的用途，上面一半是里內的大小事，下面是帳目，只有一張。後來我跟經營房地產公司的陳昭楠先生在大直社區發展協會碰面，他說「廣告我負責」，我則負責文章，所以隔年我們就辦了《大直報導》，《大直報導》是一本，不止一張，有廣告、社區訊息等，大概三十頁。

辦了三年，由我當發行人，主筆是實踐大學陳正一副教授。大直里長是曹玉坤先生，社區發展協會總幹事是畢無量先生，還有幾位社區協會的志工一起投入工作，他們有的在一般公司上班，有的在公家單位工作，文筆都不錯，加上還有房地產公司提供廣告，讓社區型的報導可以持續，做得有聲有色。《大直報導》這份社區報紙也形成大直里的特色，發行八千到一萬份，主要大直里有約八千人，還要寄給其他里。一九九四年開始，發行了約三年，一直到一九九七年，慢慢地就不知為何可能是景氣影響，廣告不易找，一九九七年我去高雄校區任職後，《大直報導》就斷了；這幾年恢復為一大張紙，本來有發行人是我，目前未掛發行人，創刊人仍是曹玉坤。

我們那時是以守望相助經費（每戶一千元，一次收三個月）來做相關工作，大直里一直是社區聯防做得最好的典範，但可惜目前已解散。

## 志願服務發想來自美國經驗

為何我會對志願服務工作有如此大的興趣？這要從我一九八一年在美國擔任客座教授及一九八七年在加州蒙特利公園市創辦鳴遠中文學校談起。促使我參與志工服務的因是在美國，但開花結果全力以赴是在我一九九三年回到台灣後，正逢前總統李登輝在推動社區總體營造，從當時的文建會主委申學庸到接任的主委陳其南，都全力推動。那時全台灣社區總體營造工作全面動起來，每個社區設有社區發展協會，需要很多志工。除了社區總體營造工作，還有內政部的祥和計畫，也是需要志工服務。

事實上，我的志工服務經驗算是早的，我在一九八四年到一九八七年擔任實踐家專教務主任，一九八七年七月底離開實踐去美國加州創辦天主教鳴遠中文學校，一直到一九九三年。嗚遠中文學校租用當地的聖史蒂芬天主堂附設的小學上課，有六百名學生，平日做課後輔導，周末上中文學校。這些小朋友來自社區，辦活動時，都要跟他們的家長互動，我當時見識到了美國的社區都在做志工的情形。

更早的經歷是，一九八一年七月到一九八二年五月，我在加州Passdena City College（ＰＣＣ）擔任交換教授，加州有全世界出名的玫瑰花車遊行，每年元旦早上在柯羅拉多大道舉行，百萬人圍觀，前一兩天就有人到場，美國人要花三至十萬美元裝飾一輛花車，ＰＣＣ的校長Dr. Richard Meyers元旦時當玫瑰花車遊行的志工，在那裡指揮交通，事先還帶著學生去貼玫瑰花，一弄就是三天。校長還把最好一個觀賞區的票給我及我太太，讓我們可以好好欣賞百萬人參與的花車遊行，但我看到的不只是花車的美麗，更體會到他們無私參與志願服務的精神。

此外，我在ＰＣＣ那一年內去了三十二個行政單位實習，是很寶貴的經驗，實習的單位從教務、學務、輔導等都有，且都有人詳細引導說明，讓我獲益良多。

## 美國學生社區服務從小做起

美國要求學生從中學到大學階段，都要做社區或教堂服務，以便學生在申請或推甄大學時加分。我在一九八一年九月籌劃成立了蒙特利公園市（小台北）天主教華人教友聯誼會，並由我當副會長。教會做很多志願服務工作，只要有空我就會陪著神父去老人公寓，做老人服務，或者到醫院探訪。

前總統李登輝任內就發展社區服務，文建會主委陳其南貫徹李總統的理念，當時中視曾邀請陳其南及我上電視，要我談美國的社區服務經驗。例如每逢阿罕布拉市、蒙市有市長就職或是節慶活動，我就派鳴遠中文學校舞蹈班去跳舞祝賀，去做公關加上社區服務，每次學生都可獲頒表演的證書，對學生升學很有幫助，也因為如此，我們在社區累積廣大人脈。一九九二年起我和社區人士發起舉辦蒙特利公園與阿罕布拉市（一九九三年起換成阿市和聖蓋博市）新年「四海迎春」大遊行，我擔任遊行大隊共同主席，鳴遠中文學校組隊參加，知名度因此大幅提高，對學校招生也有很大幫助。社區高度參與就是組織型的參與，它可以成為志工組織提供服務的一種好典範。

## 在美國成立鳴遠中文學校

我於一九八七年七月到加州「小台北」創立天主教鳴遠中文學校，第一年人數六百多人，在第二、三年，另外在蒙市及羅蘭崗租用二所國小當分校，學生則擴充到一千人，是南加州第二大的中文學校，教材是僑委會送的，一本學校向學生收一元美金。華人中小學生利用周末學華語，包括廣東話及文化才藝課程一學期只要二百美元很便宜，老師的鐘點費一小時大概十五至二十美元，但是當時我聘了七個專任，有三個校區，一是蒙市有二個校區，主校區聖史蒂芬小學六百人，聖多瑪斯校區三百人，羅蘭崗校區約一百人。一九八七年有一千名學生，到二〇一四年只剩六十人，因為百家爭鳴，大家爭相成立中文學校，只要設一個公司可以報稅就可以辦中文學校了。在我一九九三年離開美國回台時，學校一位副校長和一位祕書都各自獨立成立中文學校，競爭十分激烈，學生數自然減少。

至於我會到美國創立中文學校，有段淵源。我初中就讀衛道中學，學校有天主教耀漢會的神父修士，那時的老師是梁希邇修士，一九六二年他去越南接辦耀漢中學，到一九七四年越南淪陷，他們變成難民逃到美國去，第二年，在紐約皇后區設了鳴遠中文學校。加州的蒙市有很多越南華僑，在西敏市即「小西貢」更多，耀漢會神長想要到當地辦學，一九八一到一九八四年，我在PCC當交換教授前後協助他們做了市場調查，並向洛杉磯教區提出申請，三年後，洛杉磯馬荷尼主教核准我們成立鳴遠中文學校，因此一九八七年七月我才從實踐到美國加州蒙市和蘇達義神父創辦此中文學校。

## 人生際遇難料　真誠最重要

人生的際遇很難說，我一再跟學生強調，做人很重要。二〇一二年我回母校成大演講，我提到人生很重要的一件事是要維持人脈。直到現在，我都定期跟老師、朋友保持聯絡，人生是一加一，加一加一，一直加的經驗。我在聖誕節前，會花約一周的時間，寄卡片給老師、長輩、朋友，雖然現在電子郵件、臉書很發達，但我仍覺得一年一次的問候很重要，用卡片、電子郵件、臉書、簡訊都可以。

說實話，以前寄卡片給老師，只是自然的尊師重道，根本沒有想過以後對自己的工作或者前途有幫助，現在才知道那個是人脈。我有一個人脈資料庫，像寫信、寄聖誕卡，是從小學畢業就養成的習慣。例如副總統吳敦義是我在台中一中高二、高三的同班同學，他那時瘦瘦高高的，是辯論、演講比賽的好手，文筆優秀，還辦《中一中青年》。班上那時候是第十五班（台中一中有十五班，高二開始分班），後來是十四班。教室旁有個光中亭，班上同學創辦《光中月刊》當班刊。高二時班上只有三十三個同學讀乙丁組，後來第二年乙丁組又加了一班。

吳敦義從記者到當台北市議員，接著是南投縣長、高雄市長、行政院長、副總統，與我們都保持聯絡，這是一種重視朋友情誼的展現，當然同學中，比較談得來的會一直保持聯絡，其實那時誰知道日後同學的發展呢？像吳敦義不就是比較活躍的高中生，哪想到他會從政，一路做到副總統。有時遇到時，吳敦義還會說「振貴兄，你的電話我都還在喔。」顯見他有做功課的，他是個擅於經營人際關係的人，也是他成功的地方。這是基本的做人道理，也是人生基本功課之一，廣結人脈可以幫助你的成功。

## 推展志願服務　全省走透透

一九九三年八月我回台灣定居，與大直社區合作密切，發行《大直報導》、建立與社區的關係、強化志工服務工作等。我自一九九四年開始參加青輔會的青年志工推展工作，一九九五年青輔會請我當顧問，一九九六年我擔任中華民國青芯志工服務協會理事長，一九九七到一九九八年我針對社區發展與志工服務，巡迴全省演講了八十六場，主要就是到各地宣導志願服務與社區總體營造的理念。

我於一九九九至二〇〇二年在靜宜大學擔任校長時就大力提倡志工服務；一九九六至一九九八年擔任中華民國青芯志工服務協會理事長；一九九六年起擔任中華民國社區發展協會祕書長，接任後辦了很多活動，青輔會請我擔任協會理事長，申請青輔會的經費補助，從辦三對三鬥牛賽到演講，全省走透透，連金門、馬祖等外島也都去過，幾乎是全台繞了兩圈，訓練志工，受證志工達一千多人。

我到實踐高雄校區服務時，一九九八年中華民國青芯志工服務協會也在高雄辦過多場志工訓練營，當時的江綺雯立委也蒞臨指導，她催生志願服務法，她是天主教徒也是教廷的爵士，她發起志願服務法，最重要的是，當時大家都在談志願服務，但沒有相關立法，對志工權利保障沒有法律依據，經過一番波折，二〇〇一年志願服務法終於在立法院通過，使辛苦的志工們有更多的保障。

## 到大學推動志工服務

一九九九年七月一日，我被遴選為靜宜大學校長，大力推動志工服務，到二〇〇二年時，靜宜大學以「志工靜宜」做號召，舉辦志工服務隊訓練，共十二場次，當時除青輔會給我敘獎，學校也以「志工靜宜」方式授給我一千小時的服務證明。靜宜大學比較特殊的是有宗教輔導室，宗輔室的修女及老師要到大一班上去做心靈輔導，一併宣導志工服務，提倡要走出去，到惠明盲校或社區做服務，把這個概念與志工服務結合，演變成後來教育部推行的「服務學習」。

我到靜宜第二學期就開始舉辦師生志工訓練。談志願服務的理念，學生感覺很新鮮，慢慢培養有愛心，及如何發揮愛心的精神去參與服務。我在任內剛起動成立志願服務隊，後來再由宗教輔導室的活動擴大為志願服務，老師就變成靜宜大學到外面去認養外單位的老師。二〇〇六年起教育部規劃大學設置服務學習中心，學生的志工服務行動與學校課程結合，它是一種志願服務的教育與實踐，其實靜宜大學應算是個領頭羊。

志願服務法立法後有法源保障，確定有主管機關，人們把志願服務當成一件榮譽的事。其實志工流失率很高，平均約六成以上，因此志工培訓工作一直要持續，但是總是會有志工中途不想做，或者生病、出國，有的需要工作、要上課等，所以做志願服務一定要以團隊為單位，才能持久有效。當時我首度引進日本「志工銀行」的觀念與做法，後來很多單位相繼仿效並具體實施。

## 珍惜自己　珍惜生命

我常告訴學生，人生很短，根據二〇一二年內政部資料，台灣平均壽命，男性為七十六點四三歲，等於二萬七千九百一十五天，女性為八十二點八二歲，等於三萬零二百五十天，說簡單一點，人的一生只有三萬天左右，人要珍惜生命。我鼓勵年輕人了解人生有六件事要做：一是終身學習；二是要熱愛你的工作；三是要擅於理財；四是經營好婚姻、家庭與人際關係；五是身心靈之修養與保健；六是要做功德即志願服務，回報不在今生，也必在來世。

我是天主教徒，除了擔任天主教博愛基金會董事長外，也是教廷聖西爾維斯特爵士。二〇一三年三月十三日梵蒂岡選出第二六六任教宗時，我撰文祝賀教宗方濟各，文章並刊登在二〇一三年三月十八日的《聯合報》民意論壇版，以下是我的祝賀全文：

### 祝賀教宗方濟各祝詞

三月十三日梵蒂岡選出了第二六六任教宗，他是一千三百年來首位非歐洲人的教宗，來自阿根廷的樞機主教伯格里奧，取方濟各作為其教宗聖名。馬英九總統親率慶賀團赴教廷出席十九日的就職大典，此外台灣區天主教會也由林吉男主教率領教徒代表團參加就職大禮彌撒，筆者謹以老教友身分和台灣三十萬天主教徒向新任教宗方濟各表達虔誠的祝賀，預祝他能擔任一位全球十二億八千萬天主教徒的卓越牧者。

教宗的選舉不同於一般政治領袖的選舉，它是一場沒有競選的活動，除了些免不了的人為角力外，由來自世界一百一十五位樞機主教在祈禱中及聖神引導下所作的明智決定。教宗確實是全球天主教的總領袖，但他的整體思維與作為是以基督信仰與祈禱作基礎，而非以政治的策略與算計作考量。因此教宗的內心世界與一般世俗的總統或領導人是截然不同的。

教宗方濟各上任第一天一大早就到羅馬聖母大殿祈禱。聖母瑪利亞是耶穌的母親，二千年來她多次顯現予世人，其中以西元三五二年在羅馬顯靈（後人依祂的指示蓋了聖母大殿），一五一三年在墨西哥瓜達魯貝，一八五八年在法國露德及一九一七年在葡萄牙法蒂瑪的顯現最為具像與著稱，這幾處至今都成為世界著名的朝聖景點，天主教徒相信透過聖母的轉求可更有效達到祈禱的目的，因此他們格外崇敬聖母而非信仰聖母，教宗也不例外，除了每天處理公務外，他必須作彌撒、念早晚課並不時地作靈修、避靜與祈禱，第一天他特地到聖母大殿為他的新職祈求聖母的轉禱是件預料中的事。

## 展望台梵關係

梵蒂岡是我國在歐洲唯一的邦交國，一談到教宗換人，不難又讓國人聯想到我國與教廷的關係是否也會產生變化。要知道答案，我們必須了解台梵關係的本質。

教廷自一九二二年起首派剛恆毅總主教駐華為不具外交身分的宗座代表，一九四六年中梵正式建立外交關係，派黎培理總主教為駐華公使，一九四九年中共在大陸掌握政權，當時黎培理公使受教廷指示遲遲不承認中共北京政府，但國民政府也不高興黎培理不跟隨撤離來台而且勸其他國家大使留駐南京，於一九五一年便遭「免職」，而中共視天主教為帝國主義的幫兇，除非聽從中共否則即須離開中國或走入地下。中共當局更發起天主教徒「自治、自養、自傳」三自運動，與教廷脫離關係，導致黎培理先是被軟禁後來被驅逐出境，先到香港後來於一九五二年順著來台祝聖郭若石主教之便留駐台灣，又和台灣重新搭建了關係，但台梵關係到一九五九年五月高理耀公使來台遞交國書才算恢復正常，一九六六年升為教廷駐華大使館，一九七一年十月二十五日我國退出聯合國，同日駐華大使被召回，此後教廷一直以參事銜代辦在台辦理使事迄今。其關鍵在於教廷遵守聯合國二七五八號決議文，秉持不承認兩個中國的原則（教廷大使館理論上負責中華民國全國之台灣及中國大陸的天主教組織與教廷之聯繫）。

一九九三年五月七日我國駐教廷大使吳祖禹向教宗保祿二世呈遞到任國書時，教宗向吳大使重申上述台梵關係的本質以及積極東進中國的想法；換句話說，教廷與台灣的中華民國所建立的關係確實是一種嶄新的關係，與一九四九年前在大陸的國民政府所建立的關係是完全不同的兩回事。而中共一直不理會教廷的聖統制，使遵守三自運動的天主教徒成為愛國教會，繼續效忠教廷者則成為地下教會，中共逕自在大陸為天主教愛國教會的神父祝聖為主教，引發中梵關係的緊張，去年上海教區馬達欽輔理主教祝聖案即是一例，雖然中共與教廷的互動在技術層面已有些改善但迄今並未有突破，教廷希望能以其聖統制去統御中國一千五百萬天主教徒及擁抱偉大的中華民族，但做法迄未被中共所接受。近來中共爭取梵蒂岡的邦交日益積極，中共自始至今處理教廷事務，都堅持「教廷若要與中國建立正式關係，必須與台灣斷絕關係」的原則，在中國主教祝聖的問題未解決前，目前教廷應該不會將其駐華代辦由台灣「遷回」大陸。自二〇〇三年安博思代辦駐台開始又在其頭銜前加上「臨時」代辦兩字，對我國可能是一種警訊。

中華民國唯一的樞機主教單國璽於二〇一二年八月過世，期望教宗方濟各能早日從台灣的主教中擇一祝聖為樞機主教。據了解教宗方濟各也非常賞識中華民國尊重國民的宗教信仰自由，如何讓教廷對中華民國的這種賞識與關係維持不變值得全民的重視與努力。

# 12 從赤腳到換穿學術的皮鞋

漢劉向《列女傳・魯之母師》：「夫人諸姬皆師之，君子謂母師能以身教。」

身教重於言教，意即以身作則比口頭教育更重要，更有效。

## 赤腳跑到學校拿第一的小學生

我是彰化縣埤頭鄉人，小時候讀的是彰化縣埤頭鄉合興國小，那時一班有五十六名學生，不知道為什麼，開學時，我一進去班上，老師就看上我，國小一、二年級都讓我當班長，第三年換了老師，仍是選我當班長，我一路當了六年的班長，但我很認真也很用心，直到現在，我還可以背出全班前十多人的名字，因為每天早晨點名，喊了六年很難忘記呀！

我國小三年級時，導師是田子久，田老師對我的影響非常大，他是安徽人，一九四九年跟著軍隊到台灣，由營長退伍後轉任老師。田老師在課堂上常會說自己顛沛流離的日子，每每說到傷心處涕泗縱橫，真情流露，對我們更是以身教服人。我記得，那時候老師把教室的鑰匙掛在他的門上，每天最早到校的學生就去拿鑰匙開門，第一個到學校拿鑰匙的同學，例如田老師就會說「今天是陳振貴來拿鑰匙」，這雖是看似平凡的一件事，但對學生來說是鼓勵，就為了老師的清早的這一句誇獎，我每天都跑到學校去拿鑰匙。

這是種榮譽，老師並沒有告訴我們要去搶第一，他只是藉由這樣的獎勵，讓學生想要去爭取。教育真的是要鼓勵，這就是不花錢無形鼓勵的好榜樣。

其實我家離學校並不近，走路要五十分鐘，但多數時候，我可以得到老師的誇讚，但當然有時也會被住在學校更近的同學搶了第一。小時候我的家境並不好，小一到小六，我只有在過年的時候穿球鞋，上學時都是赤腳背著書包走在田埂上、或者泥土路上，但大家都是這樣，也不覺得有什麼不對。

田老師至今仍令我難忘的還有，每天早上到學校後，大家在自習功課時，就看到田老師在操場跑步，接著他會去旁邊的菜園澆水種菜，田老師的勤勞認真，為學生做了很好的典範。

早年的體罰司空見慣，田老師不能免俗也會體罰學生，他隨時拿著棍子（用掃帚後面的那一段木棍），排隊沒有排好，打！上課講話，打手心！考試考不好，打！學生都很怕他，但我從未被打過，我的功課好又聽話，老師根本不用操心。小學的座位也有「學問」，我們六年全班都在同一班，並未分班，那時初中還是要考試，到了高年級，要考初中的坐在一起、不想考試的就坐在另一邊。

那時衛道中學剛成立不久，能考上的都是好學生，我記得我國小六年級要畢業那一年，應是衛道中學第六屆招生，該校透過教會到學校宣傳。當時的情況是，彰化縣學生能考上員林中學已經是好的了；能考上彰化中學，全校大概只有一、二人；能考上台中一中要放鞭炮了。可是，考上衛道卻沒有人敢講，因為知名度不夠，但那一年也只有二人考上。我除了考上衛道中學，另外還是員林中學的備取生，後來雖員林中學通知我可以去報到，但我已到衛道中學上暑期先修班了。初中畢業時，我們全班有六十二人，後來有四十二人考上台中一中或其他省中，升學率很好。

## 背著弟、妹　被壓得長不高？

衛道中學學費很貴，父親在天主教會工作，那時每月的薪水約是六百元，衛道的學費大概是一千六百元，家裡的負擔很重。我有三個姊姊、三個妹妹、哥哥、弟弟各一人，幸好那時大我十歲的哥哥已在中聲電台工作，同一時期只有我一人要念書，姊姊多只有初中畢業，所以父親可以咬牙支持。其實我與弟弟間還有兩個弟弟，但都未能長大就過世，在那個年代也只有草席捲一捲就送走了，現實的考驗就是免疫力比較好才能活下去，是很無奈的事。

我國小在鄉下很辛苦，沒有什麼吃的，放學回家還要背弟弟妹妹，小四、小五時，媽媽要去甘蔗田做工，我們家裡自己還有種田，媽媽要去忙農務，就把小弟小妹交給我照顧，等到媽媽回來時，我因為用揹巾背著弟弟或妹妹，手都還會發抖，後來想想，我個子長得不夠高，應該是因為小時候要背著弟、妹，「被壓得」長不高吧。除了照顧弟、妹，我還要負責掃雞糞，家裡有養雞，白天讓雞到處趴趴走，晚上要趕回雞舍，雞舍裡鋪有糠，第二天清晨我要掃完雞糞才去上學。

## 一盞油燈下出了兩位大學校長

每天放學、幫忙家務後，天黑了就在油燈下看書，那時客廳也只有一盞油燈，我跟弟弟就在燈下看書，母親會守著我們，督促我跟弟弟寫功課，因為母親認為，小孩子要讀書才會有成就。她不止晚上，一大早就會把我們叫醒後陪著我們晨讀，對照村內的其他鄰居，他們都是回家就「鬼混」，根本不愛讀書，而我與弟弟就因為有媽媽的督促，才能按部就班地把書讀得很好。

我的弟弟陳猷龍是政大法學碩士、博士，二〇一〇年至二〇一三年擔任南開科技大學校長，在台灣的教育界裡，我們是第二對兄弟檔校長，他擔任過南開科大十二年的董事，南開科大前校長王國明退休後，學校董事遴選他擔任校長，那時我是嶺東科大的校長。二〇一一年我接任實踐大學校長時，我的弟弟也來觀禮。

## 母親的背影

前面談到我的母親，我初中時家住彰化縣埤頭鄉的崙子村，當時我就讀台中市衛道中學，住學校宿舍，母親要我每個月回去給她看看，所以我每個月要回家一次。媽媽還三番兩次地叮嚀我回家時把制服帶回去給她洗，她不放心我在學校自己洗的衣服，希望我穿的衣服都是經過她漿過、燙過的，她說：「那樣才像是去台中讀書的孩子！」

每次要回學校前，母親便把下個月的伙食費及零用錢三百元給我，她會把車費放進我的褲袋，其餘的分開夾在書本內，放進書包裡，有時也會塞一些在包袱裡頭的衣袋內，然後叫我小心背著書包，拿著包袱去上學。那時候父親在二林教會工作，隔周的周末才有空騎腳踏車回家團聚，為撫養我們九個兄弟姊妹，他也是十分辛苦的。有一次我回家時，正好父親沒有回來，母親身邊沒有錢。星期天吃過午飯，我告訴母親：「我要走了！」她說：「我跟你出去，向你姑姑先拿點錢給你帶去。」我背著書包，拿起包袱跟著她跨出客廳的門檻。

我們走到院子另一邊姑姑家，母親用手推開大約有半身高的木籬門，走進姑姑的臥房，我佇立門前等候，不一會兒，母親出來了，她說：「你姑姑正在睡午覺，我們還是去店仔看看吧。」我跟在她背後走，走了一會兒，母親自言自語說：「在鄉下借錢比借米還難。」我聽了心裡陣陣難過，沒有說什麼。隔了半晌她接著說：「前天才賣了兩隻雞，正好那個寄藥包的來，都付給了他，唉！」我們沿著池邊的村間牛車小路走到「村尾」的小雜貨店，那個時候，我們村裡共有六十二戶人家，我們家住在「村尾」，門牌號碼是五十七號，村子有兩家日用雜貨店，一家在「村頭」，一家在「村尾」，因為做生意，他們比較有現金。母親走進店裡，我在門外等候，店裡有一個小孩子在看著，母親問他爸媽在不在，他搖搖頭，母親就離開了。

## 借錢比借米還難

白天村子裡的大人都下田工作去了，「村尾」到「村頭」的泥土牛車路上只有我們母子兩人，這時豔陽高照，樹上鳥兒單調的叫聲點綴著寧靜的村莊。母親一邊走還一邊叮嚀著：「到台中要馬上寫信回來，路上要小心，注意車子……」，走到「村頭」丁字路口，母要我站在那等她，說她一會兒就回來。

我看著她從右邊的路上朝雜貨店走去，她穿著一件淺色黑白花紋的上衣，一件自己做的灰色裙子，蹣跚地走到店門口，那裡站著兩三個人，也停放著幾部腳踏車，母親的背影就在腳踏車後面消失了。

過了好一會兒，母親右手拿著一節削好的甘蔗走回來，我看見她走過來，眼眶不自覺地溼了，這時正好有個牧童牽著水牛從我旁邊走過，看著我整齊的衣著便說：「富人家，穿皮鞋上學！」我聽了不禁簌簌的流下來。母親走到我面前，把那節甘蔗遞給我，我手還沒伸回來，豆大的淚珠已落在甘蔗上，也掉在母親的手上，我哽咽了起來，母親抽出兩張十元放進我口袋，打開書包，把其餘的塞了進去，這時我禁不住地哭了起來，她扣上書包鐵扣子說：「快去，一點半的車子快來了，到了學校寫信回來！」我邊哭邊朝著右邊的路上走，她則從原路向「村尾」走去，走了幾步，我不由地停下了腳步，轉過頭望著母親穿著花紋衫的背影，在炙熱的牛車村道上慢慢地遠去，最後轉了個彎，消逝了，我的眼淚還不停地流著，過了半晌，我低下頭往左手的包袱拭了拭眼淚，一個人朝小埔心（合興）車站走去。

這段母親借錢給我帶到學校的回憶，即使時隔多年，我仍對當天的場景記憶猶新，更對母親對子女無微不至的呵護十分感恩，如果不是母親的諄諄教誨，以身作則地教導我們，我相信我不會有今天的一番成績。

## 虔誠的天主教徒

我是虔誠的天主教徒，台灣最早是西班牙的道明會神父在一六二六年首度到台灣傳教，之後曾中斷兩個世紀，於一八五九年再度來台傳福音，他們以一日行程處設點傳教，最南由打狗到萬金，在屏東萬金設天主堂，全村都是天主教徒，再一路北上，彰化羅厝就有個百年歷史的教堂。我的祖父是一九一〇年領洗，他曾讀過私塾，我們受祖父影響全家在羅厝受洗，當時我的故鄉崙子村全村都是佛教徒，只有我們一家人是天主教徒，後來父親到教會當傳道員，我十六歲時，父親把田地賣掉全家搬到彰化市，一九七〇年搬到台中市迄今。

談到天主教，台灣在一九四九到一九五〇年代，只有三萬多名教友，後來因為美援關係，天主教的教會發給教徒奶粉、奶油、衣服等，不少人為了領奶粉等，就到天主教堂，神父發放食物後就會講道，有些人會留下來聽，也因此天主教徒有增加，台灣約有七十萬名基督教徒；三十萬名天主教徒，天主教徒中約有十萬名台灣人、十萬名原住民。

早期台灣的社會慈善事業除了政府外，有一半是天主教做的，台灣七百多個天主教堂，六百多名神父、一千一百多名修女，都是積極投入社會的入世服務，與佛教早期出世的想法不同。

## 右手做的不要讓左手知道　發起成立天主教博愛基金會

我在二十年前撰寫《天主教福傳小白皮書》，發起成立財團法人天主教博愛基金會，發起基金會是因為台灣天主教四十年來一蹶不振，美援結束後，台灣由農業社會轉為工業社會，福音的傳播卻未能與時俱進。想要振興天主教，就要想不一樣的方法。天主教是聖統制，經歷十五世紀宗教改革，天主教仍是維持傳統，全球有十二點八億名教徒，台灣有七個教區。為了振興教會，成立博愛基金會是要從聯合勸募著手，讓沒有奧援的慈善機構可以有捐款支持，例如啟智中心、聖母醫院等，這些有愛心的機構，不要因為經費不足而凋零。我們花了三年時間，跨教區奔走募到三千萬元才於一九九八年七月四日正式成立基金會。已運作了十多年，默默地做了不少事，感動了很多人。

基金會在教會所在的天主堂及偏鄉設立了三十六個關懷站，服務對象以偏鄉兒童為主，以教堂為基地，讓教會支援當地的需求，做得最多就是窮困學生的課後輔導。例如九二一地震後，花東新村有許多原住民到台中謀生活，就啟動霧峰教會協助，找企業認養，並有大學生課後會去幫忙輔導關懷站的小孩。基金會的運作上軌道，完全由教友自己管理，聘有四人專責工作，像歐晉仁執行長，就是由巴西回來加入基金會的服務行列。基金會於二〇〇四年協助解決台巴混血兒吳憶樺監護權之爭，貢獻不少心力，並於二〇一四年一月三日至十九日協助吳憶樺和養母、義兄返台祭父探親之行。

## 單國璽樞機主教幫大忙

要讓關懷站得以運作，並不容易，要找企業認養，一定要有成績，服務也要有實質的效益，但目前三十六個點都可以養活，大都沒有問題。在基金會成立過程以及在募款方面，逝世的單國璽樞機主教幫忙很大，他要求我們不要再向教友募款，要向外募款，才會讓更多人感動，當然也會有教友受到感動持續捐款。

課後輔導的情形各地不太一樣，我們會視請況調整，也鼓勵大學生參加輔導行列，我擔任嶺東科大校長時，成立博愛社學生社團。在實踐大學擔任教務長時也成立基信團，讓學生有機會去做志工。我們從善牧基金會湯靜蓮修女處接下土城少觀所少年團體成長營，一學期一次，一次三天，二〇一四年時已辦理了四十七屆。志工到土城少觀所走入三道鐵門內，輔導行為偏差青少年，志工離開時，他們都會受到感動流淚。其實，學生為了去成長營，事前要做很多的準備，絕不是只是去唱歌跳舞，而是要給青少年深入的感動。

天主教做了很多事，但天主教的教義是不宣揚，「右手做的事不要讓左手知道」，教徒的優缺點是上帝在看。其實聖嚴法師是看到花蓮天主教聖馬爾大修女會的修女在做各項社會關懷工作，也決定帶領慈濟人入世跟進的。

# 13 海外招生甘苦（非洲歷險記）

大學是產生、發展與傳遞知識的學術殿堂，也是知識經濟的源頭活水；大學的原始精神是世界主義，因此大學必須國際化，「一個社會回應全球化挑戰的根源力量，就在大學。」

從事校長工作，大家以為就是跟學生講講話，跟老師談談，管理好學校即可，其實不然。過去十多年來，校長的工作之一就是要走出台灣，向全世界的學校招手，希望能招收到國際學生。我的國際經驗就從到各處交流及招生開始。

一九七〇年我就讀成大時，應邀到台南農業改良場非洲農技人員訓練班教中文會話，當時我國還是聯合國會員國，為保衛聯合國席位爭取非洲友邦支持，在台南設有非洲農技人員訓練班，學員來自十四個法語系國家和八個英語系國家。我教英語組二十幾位學員，課後常邀請兩組學員聚會參加活動等，前後兩年，我結交了許多非洲朋友，因此從年輕時就特別和非洲結了緣，希望有朝一日能訪問非洲並看看這些老朋友，沒想到這個願望一直到三十九年後才實現。

二〇〇七年暑假期間，布吉納法索教育部助理部長和古都古大學SEGDA校長一行到勞委會中區職訓中心參訪，經曹行健主任引介順道訪問嶺東科大，兩校並簽約締結姊妹校。

二〇〇九年我和嶺東科大資訊學院張廷政院長申請到教育部技職司國際交流計畫案一筆獎補助款，主題就是在配合彰師大幫忙古都古大學設立工教系，由我校提供遠距教學課程，因此我們才有西非之行。五月八日我和張教授與曹主任一行人經巴黎飛到布吉納法索與勞委會王如玄主委一行會合，抵布國後各自走預定行程；我倆為參訪西非另一友邦甘比亞，十四日離開布國途經象牙海岸與塞內加爾，不料經歷了一段驚濤駭浪的旅程，最後安然過關，完成任務，平安回來。這一段過程十分艱辛曲折，由同行者張廷政教授細細地記述，現在回想起來仍歷歷在目，更覺得是段難得且寶貴的經驗，值得和大家分享。

此行除了完成古都古大學的交流計畫，與甘比亞大學簽訂姊妹校外，更招到一位古都古大學畢業生NIKIEMA Martine及三位甘比亞大學商科畢業生TRAWALLY Mariama、TOURAY Ngansa、MAM TUT Martin到嶺東科大國際企業所碩士班（EMBA）進修，全英文上課，我為她們募款，提供全額獎學金、食宿及回程機票，二〇一一年六月她們都順利畢業，三位回甘比亞大學任教，NIKIEMA小姐則繼續申請回逢甲大學攻讀博士學位。

為了尋找三十九年前在台南認識的非洲朋友，我在象牙海岸時用法文透過天主教報紙和電台協尋，在回國後收到一位讀者來電子郵件表示欽佩，別無其他訊息。到甘比亞大學時當場詢問在場的人，該校註冊主任說他認識我要找的人，他住Georgetown但無法聯絡上。二〇一一年十一月六日至十三日我奉外交部指派隨大學校長訪問團二度踏上非洲大陸，這次訪問史瓦濟蘭和南非兩國，我沿途尋人，得到的答案是非洲人平均壽命低於四十七歲，因此我終於打消了尋人這個念頭。

大學必須國際化，為因應台灣少子化的來臨，各大學須擴招國際生、僑生和大陸學生（含學籍生與短期研修生）。在過去二十年，我走遍世界七十幾國，到過大陸四十多次，拜訪過大學簽訂姊妹校無數，也學習很多，所見所聞加上自己的心得，對於我在台灣經營不同的大學有很大的助益。以下是以前同事張廷政教授記述我們二〇〇九年西非之行的一篇文章：

### 首站　布吉納法索首都瓦加杜古　留下好印象

二〇〇九年的五月八日我們從桃園機場搭機，歷經了二十七小時漫長的飛行和轉機，終於到達那次西非之旅的第一站布吉納法索的首都瓦加杜古，臨行前雖然陳振貴校長與我都做了一些功課，也注射了非洲之行必要的預防針——腦脊髓膜炎、黃熱病與破傷風，在初抵這片廣大非洲大地時，看著簡陋昏暗的機場，心中似乎有著些許的忐忑不安，但很快就被來接機的大使官員與布國人員的熱情，消弭於無形。

搭著使館蕭乃承祕書的車，很快的來到我們下榻的旅館Hotel Splendid，旅館雖然號稱四星，但事實上雖設備俱全，然而簡陋有餘，慶幸的是布國的黑人，感覺上平和熱情，雖然猛然置身於黑如墨漆的人群之中，但並不會使人感覺有置身落後異域的恐懼，尤其初至布國就認識了號稱台商西非王的楊文裕老闆，在楊老闆與他夫人熱情的邀請下，來到他的泰式高級餐廳，在人好菜香的氣氛下，讓我們對非洲有了不錯的第一印象。

初抵布國，校長立刻展現效率，和祕書討論起這次學術交流的行程，得知此行在布國的四天五夜，使館會派一位在台灣政大拿ＩＭＢＡ的留學生Mamadou，全程陪同我們訪問古都古大學的學術交流之旅，並充當嚮導與法英語的傳譯。

到達布國的第二天（五月十日）適逢星期日，開始了我們的探索西非之旅，Mamadou帶我們去參觀當地手工藝術館與石頭藝術公園，也有一些藝術家在現場製作，看到在貧窮的國家、簡陋的環境裡，藝術的創作的活力卻絲毫不減，在買了一些紀念品後，隨後，Mamadou帶我們來到蕭祕書的住家，蕭祕書希望我們趁此機會了解外交人員的居家生活，在蕭祕書的豪宅中與他輕鬆的交談，也才了解他是獨自一人在布國，深深感受到駐外人員雖然物質生活都能滿足需求，但在家庭生活上，尤其是與家人的相處與子女受教育的過程，都要面對許多選擇和挑戰，他們的快樂與心酸真的非外人所道之。

五月十一日一早八點半Mamadou已在旅館的大廳等我們，準備啟程去距離首都一個半小時的車程的古都古大學進行訪問，在車行當中，我們才開始正式了解眼見為實的非洲布國之旅，沿途只見炙熱的太陽把大地曬得枯黃，點綴著零星的綠樹，似乎處處在考驗著這塊古老非洲大地的子民，隨處可見牛羊野放式的在路邊自行覓食及由土磚所砌成的矮小屋子所形成的小聚落，除了偶而出現有人使用的水井外，未見任何農業的耕作（或許是因為是旱季）與商業的市集，時間在這片西非的內陸國似乎已停滯了，人們的生活百年來似乎並沒有太多的進步，此時也不禁慶幸能生活在台灣的幸福，同時也佩服在這裡人們為生存所展現的韌性。

到了古都古大學後，首先讓我們驚訝的是，這是一所完全顛覆我們想像的大學，校門是由幾根木頭搭建而成，沒有圍牆，只有在一片荒蕪的土地上，有幾棟像是教室的建築物，校園內沒有路，建築物間的距離也很遠，正當我們在探索這新環境的同時，映入眼簾的竟是一群當地人士著盛裝，分站在校門的兩旁，列隊歡迎我們，讓我們頗有受寵若驚之感，此時，校長展開外交人員的架勢，一一握手致意，並以法語問候，最後以集體照相留念結束了歡迎儀式。

## 送筆電加一千二百元歐元

隨後進入了校長室，寒暄後，即將登場的就是此次學術交流的重頭戲，致贈古都古一千二百歐元以及一台筆記型電腦，在空曠的校園裡，搭車到了會場，發覺學校的教職員早已入座等候，經過短暫的介紹與致贈儀式後，校長隨即發表了簡短法語與英文的演說，立刻拉近了與他們的距離並贏得了滿堂的喝采，我也在隨後發表了e-learning的介紹。

結束後，隨即有當地的報紙對校長做了訪問，學校也全程做了錄影，中午，古都古校長以豐盛的非洲餐款待我們，餐後回到學校，接著校長對學生演講，在會中並提出可以提供一名全額獎學金給古都古大學至本校攻讀MBA，頓時引起了極大的回響，學生反應熱烈，這對於本校推廣國際，可說是一大進展。

結束與學生的交流後，在古都古校長的帶領下，參觀了學校，對於他們有一間一千四百個座位的全新教室，留下了深刻的印象。在賓主盡歡的情況下，也結束充實的學術初訪的第一天。

## 布國的台灣醫療團

五月十二日在古都古大學SEGDA校長熱情的邀約，我們再次的回到古都古大學，沿途我們注意著當地的鳳凰樹所展現令人眩目的紅，令我們留下深刻的印象。今天在SEGDA校長的引見下見到了此區的州長以及古都古市的副市長，布吉納法索共有十三個區，區的長官即為州長，可見州長在這裡的地位了；另外也有一個插曲，就是在拜會副市長時突然停電，但對他們而言，似乎習以為常，當然這也反映了當地基本設施的不足。在午餐過後，因校長想要可以有一些自由活動，於是婉拒了SEGDA校長的安排，隨即返回原路，在路上我們順道來到台灣在布國的醫療服務團，也見到原本只需待一年，沒想到一待就是十幾個寒暑的黃其麟團長。在他的帶領解說下，我們了解到在貧困又缺乏醫療設備的布國，除了要有解決問題的能力外，更需要極大的耐心與奉獻心。

而這個醫院也就是當年連加恩著書敘述他替代役服務的故事的地點，讓人在讀過書後，也能親臨其境，在感動之餘也有留下深刻的印象。離開了醫療服務團的醫院，我們在Mamadou的帶領下來到了一個潭邊觀賞鱷魚，買了票也買了一隻雞，展開了特殊的鱷魚秀，在管理員帶領下先與鱷魚拍照，接下來是餵食鱷魚，那隻瘦小的雞，雖然歷經兩次的奮力逃生但終究逃不了人類的毒手和鱷魚大嘴。

在回到瓦加杜古時，Mamadou提議我們可拜會一深具競爭力的私立大學Institut Superieur D'informatigue et de Gestion，校長一聽頗有興趣，於是直接趨車趕赴位於市中心的這所大學，學校占地不大，但井然有序，學校學費一年一千元美金左右，以當地的所得而言，相當貴，但看得出來，教學非常認真，設備與學生的程度似乎遠優於古都古大學，聽說學生的就業狀況相當好，我想這就是它的競爭力所在，可見事在人為。在結束了一天的拜會與參觀，帶著滿滿的記憶回到了飯店。

## 布國部長訓斥當地私校校長

五月十二日古都古大學SEGDA校長一早即在飯店的大廳，等著帶我們去見布國的教育部長PARE先生，在等候的空檔，意外的遇見了一位在台灣與中國做貿易的商人BOUGOUMA先生，短暫的交談後，也深深體認到天涯若比鄰，即使在落後的非洲亦復如此。初見到部長，感覺部長是一位非常嚴謹，且具內涵的人，在交談之中，他首先感謝校長對古都古大學的幫助，而校長也立即表達了此行，希望有機會見到四十年前在成大讀書所教過的非洲學生，但部長說布國人民的壽命很短（平均年齡才四十七歲），所以那些人很可能已經不在了。會談間部長也訓斥了SEGDA校長，要他使用英文表達，不要只用法語，可見部長深具國際觀，也了解國際禮儀，事後聽Mamadou解釋，才知道部長也是學者從政，真是不可小覷布國人才及未來的發展。

拜會了部長後，我們隨即拜會了古都古市長ZAGRE先生，心中不由疑惑，為什麼市長不在古都古市，而在首都的會議的辦公室，交換名片後才知道，原來他身兼會議的主任祕書，真是有意思。離開辦公室後，市長與SEGDA校長邀請我們至Splendid Hotel喝咖啡，至飯店後SEGDA校長也介紹Splendid Hotel的老闆ZONGO先生給我們認識，令我們意外的竟是，接下來的禮物贈送，讓校長與我都感受到了他們的熱情，雖然他們如此的貧困但他們卻會竭盡所能的把最好的東西給遠道而來的朋友。送走了他們，校長與我即刻上樓打包行李，準備明天離開布國事宜，同時略作休息以赴駐布國陶文隆大使的正式晚宴。晚宴陶大使請的是非洲餐，第一次見到了陶大使本人，流利的法語、斯文的外表與優雅舉止，一看就知道是標準的外交官。

## 職訓推動與學術交流

席間也見到了同時間訪問布國的勞委會王如玄主委和職訓局陳益民局長一行人，此次他們來的目的，即是了解評估援布的職訓計畫的推動，而這個計畫的執行，主要就是在中區職訓局曹行健主任的帶領下落實，眼見和我們同行的曹主任、戴佳坦科長與彰師大陳繁興院長等一行人，風塵僕僕各司其職，為布國設立十三個職訓中心及相關工作而努力以赴，深感援外計畫如打木樁，不但要選對目標，錢要花得值得，更需要落實。

此次我們的國際學術交流計畫就是搭配職訓中心援布計畫之便，配合彰化師大幫古都古大學設立工教系，由我們提出設立遠距教學相關課程，藉此除了為外交工作盡分力之外，也可達成招收外籍生的目的。截至今天為止，一切美好的成果似乎都超出了我們的預期。唯一的意外，竟是我誤食晚宴中的生菜，結果回飯店後腹瀉不止，徹夜難眠，雖然服用止瀉藥但效果不大，直至天明，這也似乎在預告，未來的幾天，我們將面對更多的挑戰。

## 布國陳舊的國際機場

五月十四日早上傾盆大雨中，離開了飯店，直奔機場，在積水盈吋的機場大廳感受到基礎建設的重要。為了避免泡在水中，於是與校長至二樓避雨。陳年又簡陋的設施、破舊的沙發，令人感覺不像在一個國際機場。在一種複雜的心情下揮別了布國，搭上飛機至此次勇闖西非的第二站象牙海岸，至阿比讓機場，出關時遠遠已見一位神父在海關處張望。我想他應該是校長聯絡的教廷駐象國大使館的祕書Father Cartes；果然在祕書Father Cartes熱情接待下重新省視了這個緊靠大西洋的美麗西非國家。在已具都市規模的馬路上，看到傳說中整排的椰子樹，聽說它的影子像極了象牙，這就是象牙海岸的由來。

## 象牙海岸失業率高達六成

在車上Father Cartes簡單介紹了象國的情況，自從二〇〇二年一場失敗政變後，象牙海岸便陷入激烈南北內戰，在戰火的蹂躪下，外資撤退，有錢人紛紛逃避他國，在布國接待我們的楊老闆，也就是在這種處境下，舉家遷往布國定居。由車窗看出去，到處都是閒逛的人，Father Cartes提醒我們象國的失業率有百分之六十，犯罪率很高。至IBIS Hotel check in時，Father Cartes眼見我腰際繫著霹靂袋及現金放在褲子口袋，好幾次警告我，要注意四周，錢財不要露白，當時我雖然身體非常不適，但非常感謝他無私的提醒。

這讓我也似乎意識到，我們已身處在一個有高度危險的環境中，在我們確定入住飯店後，Father Cartes貼心的讓我們略做休息，約定近十一點再來接我們至教廷駐象國大使館。在往大使館的路上，交通依舊繁忙，不見任何不對勁，但在由快速道路，轉進一條車輛較少的路後，沒多久就見到層層路障、關卡，都有軍人把關，見到了使字牌的車子，自動放行。在使館區裡，處處都是一棟棟花園洋屋的別墅區，環境極為清優，但四處軍人路障與一些拋棄物堆積，似乎在告訴我們，這裡曾經發生過一些事情。

到了教廷大使館，厚重的大門進去後，眼見裡面沿路綠木扶疏，井然有序，車子在一個迴轉下，在一棟歐式的大別墅前停車，Father Cartes引我們進了他們的客廳，在短暫的彼此交換名片與交談後，在使館的餐廳共進午餐，標準的歐美餐點，非常的可口，但無奈肚子不爭氣，依舊絞痛、冒冷汗，故食慾不振。但席間校長與Father Cartes大談法蒂瑪聖母顯神蹟與校長的經歷，相談甚歡，我倒也聽得津津有味，暗暗佩服校長的經歷豐富，也感謝校長有教廷這層關係，否則我哪能有一頓安穩的飯吃。

餐後Father Cartes叫司機送我們回飯店休息，相約二點再接我們去參觀，回飯店後校長也看出我身體未見好轉，於是回房拿出了一排日製的止瀉藥，叫我試試，而我也藉此想多休息一下，向校長告假，校長也貼心的要我多休息，在吃完藥後，昏昏沉沉地就睡著了，一覺醒來，已經下午四點多了，感覺好多了，待校長回來後已經是五點多。因為外在的環境不可預料性太高，Father Cartes建議我們晚上不要出去，於是校長選擇在飯店一樓用餐，用餐時，也感謝校長提供的良藥，用餐完畢後，即回房休息，聽說明天要拜會西非天主教大學／阿比讓分校（Catholic University of West Africa / University of Abidjan Unit）。

## 天主教大學　西非的貴族學校　熱情的接待

五月十五日早上在用過泡麵早餐後，著裝開始新一天的探險，在車上Father Cartes告訴校長說，他也不知天主教大學會有多正式的歡迎校長的來訪，言下之意，似乎已暗示他們的熱情，下車時已顯然見到，對方對我們此次參訪的重視，一大堆人身穿白袍的正式服裝在外迎接著校長的來訪，在有了布國的經驗，校長更駕輕就熟應對得宜，在合照紀念後開始了學校的參訪。在接待室裡，天主教大學有著正式的介紹與解說，在在都顯示出他們對校長來訪的重視，接下來是學校的參觀與實地了解。

在參觀他們上課後，才發現他們好有禮貌，大學生也穿制服上課，一問之下，才知他們的學費約三千美元，是西非的貴族學校，有著宗教哲學的博士班，是一所在西非的名校，難怪在整體所表現出的氣質與神父教授的應對，確實有程度的不同，設備上也遠較布國古都古大學好，緊湊的參觀中，校長也細心的詢問學校的每一個細節，包括圖書館的藏書與電腦設備等，結束充滿驚喜的參訪。

Father Cartes帶我們來到當地相當有名的餐廳用餐，老闆非常熱情好客，是Father Cartes的朋友，順便也介紹當地留學法國的律師朋友ZINSOU女士給校長認識，一起用餐，在愉快的心情下，享用了美酒與豐盛的非洲餐，席間校長問那位女律師「妳們會得瘧疾嗎？」她回答得倒也乾脆，「每年至少兩次，那很普通，就像得了感冒一樣。」用餐後，餐廳老闆帶我們參觀他紅酒的收藏，真是讓人大開眼界。

## 不喜歡照相的非洲人

下午Father Cartes帶我們出城，買一些非洲的紀念品，出了城後，兩邊的景色，立刻有非常不一樣的改變，象國不像內陸的布國，路旁不再是枯黃，取而代之的是，樹木茂盛、風景宜人，此情此景，不禁令人放鬆，尤其在車上，即可見到大西洋近在咫尺，難怪以往，象國是非洲的天堂。車行至路旁有許多賣紀念品的木雕店，我們下車，開始了我們的採購，因我本身也不識貨，只好跟著校長，買一些當地的小紀念品。

返回途中，在靠近海邊的一個小村落停車，下車走向沙灘，觀賞一下大西洋開闊的海景，此時一群小孩跟了過來，校長想與他們拍照，但聽說非洲人認為照像會攝取他們的靈魂，所以不喜歡照相，在請教Father Cartes之後，知道只要給他們二百西非法郎，他們就會願意，一試之下，果然管用。回來的途中，看到警察沿路攔車檢查，Father Cartes說，當地警察靠攔車索賄賺錢，看了之後不禁感慨政府的腐敗，但是校長與我萬萬想不到這種事，很快就會發生在我們身上，返回飯店後，校長決定晚餐泡麵自理，準備明天離開象國，經塞內加爾的達卡，再轉機至我們的第三站的目的地——甘比亞。

## 意外被海關索賄

五月十六日早上又起了個大早，算算此次非洲之旅，過了今天只剩最後一站——甘比亞了，今天搭肯亞航空至達卡，再轉搭塞內加爾航空至甘比亞，已聯絡好大使館的王志宏祕書，屆時會準時接我們，應該沒有問題。此次來象牙海岸，Father Cartes在兩天的相處給我們留下了深刻的印象，不僅是因為他會五國語言，而是他常常面帶微笑，時而幽默，時而正經。當他了解了我們未來幾天行程的安排，就半開玩笑的告訴我們，此行我們需要雙倍的禱告（Double Pray），雙倍的信心（Double Faith），萬萬沒有想到Father Cartes的話，在未來幾天竟如預言般的發生在我們身上。

當天校長與我也帶著他的祝福，在機場與他話別，因他具有外交人員身分，可以送我們至最後一關，通過了手提行李的X光檢查，登機門就在十幾公尺以外，意外之事發生了，坐在椅子上的官員，突然攔住了校長與我，要求我們進入旁邊的小房間裡，進入後再進入另外一間內間，等我們進入後，把門關上的第一句話，就是把身上的歐元、美元全部拿出來，以往聽人描述的事、在小說中看到的事，竟然活生生地發生在自己身上，真是晴天霹靂。

正在苦思如何化解，校長隨即掏出五千西法，塞進那位官員手中，同時也拿出Father Cartes與西非天主教大學校長的名片，跟那位貪婪的官員解釋，我們是他們邀請的貴賓，那位官員一聽之下，立刻改變態度說，你們一定是很重要的人物，不用再檢查了，並揚起手中的五千西法說，「這五千元該如何」，校長立即回答，「那是禮物，你可以收下」，於是幾分鐘交手中，我們經歷了一場震撼教育，順利脫險。此次若非校長處理得宜，後果不堪設想。

在候機的時候，心中也暗想，逃過這一劫，總該沒事了吧。等到了甘比亞，有台灣的大使館，應該不會再有類似的問題。但誰也沒有料到，這只是一個開頭，好戲還在後頭呢！

## 嶺東校友協助解決問題

經過三個小時的飛行飛機順利抵達了達卡，下機後排隊準備轉機至甘比亞，沒想到海關的官員拿到我的護照，發現沒有塞內加爾的簽證，我立即拿出我的電子機票給他，告訴他我是要在此轉機，沒想到他老兄竟回我，「誰賣機票給你的，塞內加爾航空早在一個多月前就不飛了」，乍聽之下，只覺天空一道閃電直打腦門，怎麼會有這種事，真不可思議。

那位官員隨即拿走了校長和我的護照，撂下我們，不理不睬，此時心中第一個念頭，就是糟糕，要做空中人球了。此時校長發揮了臨危不亂的精神，打手機給神的使者Father Cartes，他除了在手機中與官員溝通外，也緊急請求教廷駐塞內加爾大使館至機場救援，校長也同時通知甘比亞大使館王祕書，王祕書也立刻通知塞內加爾的台商曾譽銓先生，趕赴機場馳援。就在方法用盡之際，沒想到那位面惡心善的官員老兄，竟然主動幫我們填表格，給我們蓋了個臨時簽證，由我顧著行李，他帶校長到隔壁大樓二樓買第二天赴甘比亞的機票。就在此時，看到教廷駐塞內加爾大使館的一位神父與修女趕到，不久校長也回來，因有許多問題，並沒有買到機票，當下與神父討論，決定先到教廷駐塞內加爾大使館，再做定奪，而同時也通知趕赴機場的曾譽銓先生，轉至教廷駐塞內加爾大使館見面，在這個時候一個浮動的心才稍稍安定。到了教廷駐塞內加爾大使館，這是一個面海占地頗大的歐式別墅，美景豪宅，無暇欣賞，只是對營救我們的神父與修女，充滿了感謝。

隨後台商曾譽銓先生和未婚妻也趕到教廷駐塞內加爾大使館，一聊之下，才知道曾先生竟然是一九九四年嶺東進修部企管系的畢業生，千里之外竟然能遇到校友，而且是領校長頒發的畢業證書，真是不可思議，太神奇了。在校長與曾譽銓先生討論後，決定捨航空走陸路，夜行不妥，明天一早再啟程，當務之急，先找飯店住下，曾譽銓先生隨即帶我們在市區找了一家旅館，安頓好了，就在對面的韓國餐廳一起用餐，席間相談甚歡，這一天折騰下來，峰迴路轉，曲折不斷。在就寢之際的心情，猶如大難歸來般的輕鬆，這真是奇妙的一天，需要感謝的人實在太多了。

## 滿布蒼蠅的「芝麻」麵包

五月十七日早七點半曾先生的兩位黑人員工，已在飯店門口等我們，甘比亞與達卡在地圖上距離非常近，但聽說行車時間卻需要約十個小時，待車子奔馳在往甘比亞的路上，才漸漸解開了心中的疑惑，原來沿途的馬路上坑坑洞洞、破損不堪，車輛走在上面，時而左閃右躲、時而走黃土飛揚的沙子路，廣大的土地上，並沒有太多的人煙，心想暗自禱告，車子千萬別拋錨，否則真不知如何救援。

在此觀察一個現象，就是非洲雖然GDP只有四百至五百美金，但一般工作族卻如先進國家一樣，人手一隻手機，可見再貧窮的人，對於人與人溝通的需求，有時甚至超越了溫飽，故在非洲是有錢打手機，沒錢修馬路。

一路的顛簸震動，讓我覺得時間好像過得特別慢，但在經歷了昨天的挑戰後，如今心想只要能平安順利的抵達，其他都不以為苦。十點半左右，車子進入了一個鄉鎮市集，兩名黑人似乎在找吃飯的地方，想必他們一早也沒吃什麼早餐，車子停在一個賣法國麵包的攤販前下車，趨前看見一桌的芝麻法國麵包，老闆見客人上門，順手一揮，芝麻瞬間變成群的蒼蠅，此情此景，連老黑都看不下去；轉身上車來到一個有玻璃櫥櫃的法國麵包店，蒼蠅不多，但也沒有絕跡，符合非洲衛生的高標準，買了兩個法國麵包給校長與我，便留下我們在車上，他們卻各自各的去享用他們的早午餐了，校長與我怕在這個黑社會被視為異類，也不敢輕易下車，直至兩位黑大哥帶著滿足的表情，重返車上繼續趕路。

一路上在兩片屁股肉的抗議下，繼續欣賞著兩旁的風景，內急了，下車就地解決，倒也不失方便。走著走著邊界就在眼前，聯絡大使館的王志宏祕書，他還在那頭等上渡輪，於是在樹下等了大約一個多小時，終於見到了他們，辦了出境塞內加爾的手續，轉至大使館的車，心頭感覺踏實了不少。開了四十分鐘到搭渡輪的碼頭，看見車輛與人都在大排長龍，此時只見王祕書沿途打招呼，車子就長驅直入，排到了最前排，讓我見識到甚麼是特權，在渡輪上也讓我見識到如此寬的河，居然要耗時四十五分鐘，下了船再四十分鐘就到了我們西非之旅的最後一站——甘比亞。

## 靠海的甘比亞

這裡是一個靠海的國家，一條甘比亞大河貫穿國家中間，生態豐富，紅樹林隨處可見，擁有無污染天空，五百多種鳥類自由翱翔，鳥羽顏色多變化，是喜歡賞鳥者不可多得的好景點，這真是一個美麗的小國家。王祕書見我們舟車勞頓，於是先帶我們到飯店安頓，並約好晚上六點半，再來接我們。

飯店是摩納哥式的飯店，幽靜宜人，都是獨棟房子，屋子四周椰子樹與芒果樹環繞，進屋門後有一長廊的玄關，左右各有一間房間，校長與我分別各一間，進房後，眼睛為之一亮，但見房間寬敞舒適，內有客廳、衣帽間、沙發與書桌，一應俱全，床更是歐洲宮廷式，後院也有陽台般的桌椅與貴妃躺椅，供喝咖啡聊天之用，此種情境宛如由地獄到天堂，心中油然而生否極泰來之感。晚上甘比亞石瑞琦大使請校長與我吃中餐，第一次見到石瑞琦大使，只覺得他非常和藹可親，毫無架子，席間談笑風生，增長了不少見聞，愉快中結束晚宴，回到飯店，倒在床上睡了十天來最美好的一晚。

五月十八日一早在清幽的環境中甦醒，連日來的挑戰與疲憊，似乎得到了紓解與充電，在飯店裡與校長悠閒的用過了早餐，餐後至櫃檯一問，方知現在是旅遊的淡季，才能有如此優惠的價格住這樣高檔的飯店，讓我們勇闖西非之旅，有種倒吃甘蔗，漸入佳境的感覺。早上九點王祕書依約，準時到飯店接校長與我至大使館，正式拜會石瑞琦大使，校長與石大使經過短暫寒暄與溝通後，了解甘比亞總統非常重視教育，所以身兼甘必亞大學的校長，實際負責甘比亞大學校務的是副校長Dr. Nyan。在確認這兩天甘比亞大學的拜訪行程後，十點在石大使帶領下，一行人驅車來到了甘比亞大學。

## 甘必亞大學使命必達

布吉納法索的古都古大學似乎略具規模，先可確認的是有校門，整體的感覺像極了民國六十幾年（一九七〇年代）台灣的偏遠小學。在副校長Dr. Nyan與學校主管熱烈的歡迎後，闢室進行兩校交流事宜洽談，雙方溝通無礙，在相談甚歡之餘，值得一提的花絮有二，其一是對方提及校長希望尋找四十幾年前所教過的非洲學生找到了，只不過沒法來，也沒辦法電話直接通話。甘必亞大學校方所展現的使命必達與撫慰客人之心，著實令人動容。

其二就是副校長Dr. Nyan希望我們能參觀他們「謙卑的設施」（Humble facility），以便將來我們知道該幫助他們什麼。副校長Dr. Nyan的用字遣詞，不卑不亢，婉轉表達，令人印象深刻，也讓我們了解到不可小覷非洲的菁英分子。下午是我們的自由時間，王祕書特別充當嚮導，帶領校長與我參觀了當地具特色的手工藝品與介紹當地的人文社會。包括已列入保護的非洲黑檀木（EBONY）雕刻與甘比亞傳統的人工織布、觸摸了當地巨大的象腳樹、了解甘比亞的財富絕大部分都操縱在黎巴嫩人手中與甘比亞的英國屬地的歷史等等，經由王祕書徐徐道來，讓校長與我在極短的時間，對甘比亞卻有著極深刻的印象。

晚上石瑞琦大使在喜來登飯店設宴款待我們，飯店建在海灘潔淨的海邊，風景視野極佳，看著蜿蜒的海岸線，遠眺著海天一線，此時夕陽西下，徐徐涼風襲來，宛如置身夏威夷。或許是前幾天歷經的落差，不禁感嘆「此情此景天上有，人生難得有幾回」。用餐時，石瑞琦大使與我們分享了許多他在非洲外交經歷的趣事，也讓我增聞不少，石大使也很關心我們學校未來與甘比亞大學的學術交流，與校長有許多的意見交流。晚宴在絕佳的氣氛與風趣的交談中結束，回到飯店後，收拾心情，感覺今天是豐收的一天，也是美好的一天。

## 簽訂學術交流的MOU

五月十九日早上九點半中油派至甘比亞國家石油公司技術顧問蕭從文先生至飯店接我們到大使館與石大使及王祕書會合，一起二度拜訪甘比亞大學，在石瑞琦大使的見證下，校長與甘比亞大學副校長Dr. Nyan簽了兩校學術交流的MOU，校長除了捐贈五百歐元給甘必亞大學外，並答應提供三名甘必亞大學學生全額獎學金到台灣攻讀碩士學位，而此事在甘比亞當地也引起許多注意，所以在場也有電子媒體與文字媒體的採訪，此次的學術交流不僅為本校國際化又再跨出一步外，也更鞏固了台灣與甘必亞的外交關係。結束了簽約儀式後，由蕭先生作東請我們吃午餐，席間請教了與蕭先生有關的許多關於地質探勘的專業問題，相談甚歡。

蕭先生知道校長有收集錢幣的嗜好，更細心的準備了兩套全新的紙硬幣，送給校長與我，真乃天涯若比鄰，他鄉遇知己，充滿了感謝。在午餐過後，揮別蕭先生，我們也即將結束此次兩天兩夜的甘比亞閃電之旅，帶著滿心的溫暖與蕭先生貼心為我們準備的六條愛心法國麵包，再由王祕書陪同返回甘比亞與塞內加爾邊境，在過河的渡輪上，環顧四周，大河依舊，但我卻有著與兩天前截然不同的心情。

到了邊境，一再的感謝過去幾天王祕書的幫忙後，珍重再見。再次回到黑朋友的車上，二話不說，直奔達卡，或許因為我們彼此都歸心似箭，回程只開了六個小時，再次住進了原來的飯店，一天的舟車勞頓，照理講應該一夜好眠，但翻來覆去總難入夢，過去這十幾天的點點滴滴，像是放電影一般一直播放著。

## 回教徒的禱告聲中清醒

五月二十日早上被清真寺回教徒禱告的擴音器叫醒，返程到巴黎的飛機是在晚上，今天沒有任何行程，曾先生因公司業務繁忙，下午五點才來送我們去機場，校長與我各自在房間整理行李和休息，一個人靜下來後，才猛然驚覺離家已十三天，還真有一點想家了。轉眼離開的時刻到了，曾先生開車依約送我們前往機場，車上校長再次表達我們的謝意，也希望他如返台結婚，務必通知我們。在依依不捨與感謝中道別，隨即我們也順利搭上法航，經巴黎轉機長榮航返回台灣。

五月二十二日清晨終於回到自己的土地，半個月的勇闖西非，從開始的勇往直前，到沿途的驚險連連，沒想到又峰迴路轉，最後終於圓滿完成任務。要感謝所有一路幫助我們的每一個人，更要感謝陳振貴校長沿途的帶領與扶持，因為這是校長與我共同的記憶。

# 14 × 政治隨筆：巧合乎？我是章魚哥？

## 靈驗的預測

二〇〇九年三月八日上午十時，馬英九總統應邀參加大甲鎮瀾宮兒童家園落成典禮，筆者時任嶺東科技大學校長，因學校與該單位有合作關係，當天也應邀出席，坐在廣場人群中。馬總統進場時，群眾起立歡迎，他看見本人時，大步趨前和本人握手，並說：「您是位最靈驗的預言人！」因為馬總統二〇〇四年與王金平競選黨主席及二〇〇八年競選總統的結果，都被本人準確預測，而且他也事先聽本人說過。

筆者無意為文吹牛，更非事後諸葛硬往自己臉上貼金，但因許多巧合屢次發生在筆者身上，想藉本文和大家分享近二十年來一連串靈驗的預測。文中所提及的實例純屬個人感應，與當事人的作為及政黨無關。因為相關人物皆是目前台灣的社會名流，如有不妥之處，謹此致歉，如有不對的地方，也歡迎指正。

本人預測靈驗的關鍵是候選人在表態或宣布參選後，若無意間自然出現在本人主持或與本人同上（坐）主席台的會議或場合中，則該次選舉必定當選，另一（組）對手則皆敗選，而且結果在選舉投票前即可知曉。

## 感應初體驗

本人開始感應有此靈驗的預測，是在一九九八年謝長廷和吳敦義競選高雄市長期間。謝長廷女兒維芬就讀實踐大學應外系時，本人擔任教務長兼《大直報導》發行人，維芬曾因看到《大直報導》到辦公室找本人交談。一九九八年五月十二日謝長廷競選婦女團由維芬陪同到實踐大學高雄校區，舉辦謝長廷校園巡迴演講，當時本人擔任副校長負責高雄校區校務，特地從台北搭機到高雄內門主持謝長廷的演講。吳敦義是本人就讀台中一中時期的同班同學，謝長廷並不知道。本人在高雄校區服務期間，遇重大慶典活動，均會函邀吳敦義市長，但他從未出席，偶而指派林中森副市長代表參加。依當時民調，吳敦義領先謝長廷百分之十九，本人心中雖有些掙扎，但在主持演講當天，即預測謝長廷會當選，果然最後謝贏吳四千五百八十五票。這次準確的預測，令本人想到首次靈驗的實例，是在一九九四年時任立委的陳水扁與黃大洲、趙少康競選台北市長期間。十月某天晚上，陳水扁應學生社團邀請到實踐大學音樂廳演講，因為本人當時是教務長，在場自然地擔任主人迎送陳水扁。該次競選的結果，陳水扁以六十一萬五千零九十票當選台北市長。

## 勝選的魔咒

之後，靈驗或巧合屢次於選舉時發生。二〇〇一年胡志強表態角逐台中市長，三月二十七日晚上應靜宜大學學生會之邀蒞校演講。本人當時為靜宜大學校長，致歡迎詞時即表示，因為他自然地出現在本人主持的場合中，年底選舉必定當選，他欣然接受本人的「玩笑」。結果，當年胡志強擊敗張溫鷹與蔡明憲，首次當選台中市長。

二〇〇五年胡市長宣布競選連任，當時本人擔任嶺東科大校長，五月間某天下午，台中市工商發展投資策進會假嶺東科大聖智廳舉行研討會，會議由本人主持，胡市長無意中出席，本人致詞時再度當眾重申「勝選的魔咒」，胡市長致詞時也引述本人多次講過的話，全場聽得笑聲連連。當年年底，胡市長果然以將近九萬票的差距擊敗林佳龍及沈智慧，連任成功。

二〇一〇年五月底，胡市長宣布競選全國五都首任台中市長，三十日中區教授聯誼會在台中福華飯店聚會，邀請胡市長出席，席間主持人邀請本人上台說話，本人當眾敘述過往靈驗的預測，宣布胡市長會當選，大家隨即鼓掌祝福。唯當時本人心生疙瘩，因為自他宣布參選至與本人同台的時間十分短促，形同「懸崖」，結果十一月二十七日投票，胡志強以三萬多票的差距險勝蘇嘉全，再度當選台中市長。

## 政黨的輪替

二〇〇〇年連戰與蕭萬長、宋楚瑜與張昭雄、陳水扁與呂秀蓮……等五組人馬競選總統與副總統。一九九九年九二一大地震後，台灣省政府主席趙守博到靜宜大學洽借國際會議廳，訂於十二月二十八日舉辦中部五縣市鄉鎮里長九二一災區重建研討會，安排連戰蒞臨致詞（可能替他造勢），但當天連戰卻因故未出席，當時本人即向同仁預測連戰會落選。結果二〇〇〇年連蕭、宋張兩組落敗，陳呂贏得總統大選，台灣首次政黨輪替，由民進黨執政。

本人當時也是台中縣市政府顧問，某天出席黃仲生縣長餐會，席間國民黨台中縣黨部主委王宗維憤慨地表示不甘心，要當國民黨義工，幫助國民黨於二〇〇四年大選重新贏回政權。之後連戰與宋楚瑜整合，氣勢看漲，本人曾告訴王宗維有關魔咒的預測，選前本人電告王宗維，此次大選國民黨迄未應驗此一魔咒，王表示連宋行程太忙，故未安排。此時，民進黨台中市黨部主委陳大鈞安排呂秀蓮副總統於二〇〇三年十一月三十日星期日下午參訪嶺東科大，舉行

「呂秀蓮與女青年座談會」，本人以主人身分到場。翌年大選前發生三一九槍擊案，陳呂擊敗連宋，連任成功。

## 結果我先知

再談馬英九與本人的魔咒淵源。二〇〇四年底，馬英九表態競選國民黨黨主席。十一月六日胡市長舉辦每季與中區大專院校校長的市政座談早餐會，剛好輪到嶺東科大主辦，地點在金典酒店，由本人當主人。當時馬英九無意間出席，坐在主席台本人右邊，致歡迎詞時，本人公開陳述魔咒的內容，並用字條寫上：「凡參選人表態參選後，無意中出現在本人主持的活動，則必當選。」馬英九看了微笑點頭，並把字條夾放在筆記本裡。二〇〇五年二月他正式宣布參選，七月十六日投票結果，他擊敗王金平當選黨主席。

二〇〇八年的總統大選，馬英九於二〇〇七年初表態出馬競選。四月二十八日第九屆全國社區大學研討會在嶺東科大舉行，上午十一時馬英九從南投趕到台中蒞臨大會致詞，本人以主人身分歡迎他。此外，大選前馬英九舉行大學校園巡迴演講，二〇〇七年十二月十二日經由高雄應用科技大學周世雄教授主動安排到嶺東科大演講，本人擔任主持人，會場座無虛席，演講結束後，師生爭相與他合照。這次大選他兩度吻合本人的勝選魔咒，而本人早在一年前就預測他會當選，果然二〇〇八年馬英九與蕭萬長順利當選總統與副總統。

## 大選的預感

二〇一二年馬英九與吳敦義、蔡英文與蘇嘉全等兩組候選人競選總統與副總統。二〇一一年青輔會到各地區舉辦青年論壇，五月二十一日剛好安排在嶺東科大舉行，上午由林辰璋副主委主持開幕式，下午李允傑主委蒞臨主持閉幕式，但這場並未安排馬英九總統與青年對談。本人事前親電青輔會主委辦公室，卻未獲回電，後經詢問，祕書告知六月七日上午有一場次在靜宜大學舉行，主題是「總統青年論壇」，並告知「如果靜宜同意，你可以參加」，本人因曾任靜宜大學校長，心想亦可藉機回學校走走。當天的論壇由學生主持，沒有介紹本人或邀本人講話，後來請馬總統上前貼愛護地球環保貼紙時，也沒有邀本人參加，只在馬總統到各角落與學生合影時，學生才邀本人合照。活動結束時，本人與唐傳義校長等人列隊在門口歡送馬總統離開。

這次選戰，馬吳一直選得很辛苦，而蔡蘇氣勢則節節高升。二〇一一年底時，吳敦義的台中一中同班同學為他在網路上展開造勢，以「打造第二個謝東閔，支持吳敦義當副總統」為題，號召連署，回響不錯。二〇一二年一月八日馬吳台中造勢在西屯區舉行，遊行隊伍在黎明新村集結，國民黨台中市黨部主委杜建德看到本人時，邀請本人到第一排參加遊行。馬總統夫人周美青蒞臨隊伍前排時，吳敦義也加入，正好本人在其左側。遊行隊伍走到市政北二路造勢會場，而會場正好在本人住家斜對面五十公尺處，此時本人才有預感確信馬吳會勝選。十四日投票結果，馬吳以接近八十萬票的差距贏得此次大選。

## 巧合又一樁

再補充一段插曲。二〇一一年十月二十九日下午二時實踐大學高雄校友會在高雄國軍英雄館舉辦「品格教育從家庭出發」座談會，本人應邀出席並與校友會會長同坐主席台，校友會也邀請地方社團、民代與會。座談會開始不久，立委邱毅蒞臨現場，因為主席台沒有預留座位，一時之間亦不便調整，邱委員上前繞了一圈後坐到台下座位，本人頓覺失禮，但邱委員很有風度地坐了下來，在發表一段精闢的言論後，因趕著拼選第七選區立委的行程而先行離席。當時邱委員並未與本人同坐主席台，瞬間他無法應驗勝選魔咒的預感在本人心中油然而生，後來他以約一萬五千票的差距輸給趙天麟立委。

## 我是章魚哥？

本人靈驗預測的實例不勝枚舉，限於篇幅，本文僅提供幾個與知名人物有關的例子，其他則從略。幾年前德國的「章魚哥」保羅因準確預測世界盃足球賽而聲名大噪，本人對選情勝負的預測如此靈驗，莫非我也是章魚哥？

Do觀點19　PF0152

# 大學倒了沒？

## ——大學教育和教授的未來

作　　者／陳振貴
策　　劃／葉立誠
文字編輯／王雯珊
責任編輯／蔡曉雯
圖文排版／張慧雯
封面設計／王嵩賀

出版策劃／獨立作家
發 行 人／宋政坤
法律顧問／毛國樑　律師
製作發行／秀威資訊科技股份有限公司
地址：114 台北市內湖區瑞光路76巷65號1樓
電話：+886-2-2796-3638　傳真：+886-2-2796-1377
服務信箱：service@showwe.com.tw
展售門市／國家書店【松江門市】
地址：104 台北市中山區松江路209號1樓
電話：+886-2-2518-0207　傳真：+886-2-2518-0778
網路訂購／秀威網路書店：https://store.showwe.tw
國家網路書店：https://www.govbooks.com.tw

出版日期／2015年1月　BOD一版　**定價**／320元

|獨立|作家|
Independent Author
寫自己的故事，唱自己的歌

大學倒了沒?：大學教育和教授的未來 / 陳振貴著. --
臺北市：獨立作家, 2015.01
面；　公分. -- (Do觀點系列；PF0152)
ISBN 978-986-5729-52-3(平裝)

1. 高等教育　2. 文集

525.07　　103024007

國家圖書館出版品預行編目

# 讀者回函卡

感謝您購買本書，為提升服務品質，請填妥以下資料，將讀者回函卡直接寄回或傳真本公司，收到您的寶貴意見後，我們會收藏記錄及檢討，謝謝！

如您需要了解本公司最新出版書目、購書優惠或企劃活動，歡迎您上網查詢或下載相關資料：http:// www.showwe.com.tw

您購買的書名：________________________________

出生日期：________年________月________日

學歷：□高中（含）以下　□大專　□研究所（含）以上

職業：□製造業　□金融業　□資訊業　□軍警　□傳播業　□自由業

□服務業　□公務員　□教職　□學生　□家管　□其它____

購書地點：□網路書店　□實體書店　□書展　□郵購　□贈閱　□其他

您從何得知本書的消息？

□網路書店　□實體書店　□網路搜尋　□電子報　□書訊　□雜誌

□傳播媒體　□親友推薦　□網站推薦　□部落格　□其他________

您對本書的評價：（請填代號　1.非常滿意　2.滿意　3.尚可　4.再改進）

封面設計____　版面編排____　內容____　文／譯筆____　價格____

讀完書後您覺得：

□很有收穫　□有收穫　□收穫不多　□沒收穫

對我們的建議：________________________________

________________________________

________________________________

________________________________

請貼
郵票

11466
台北市內湖區瑞光路 76 巷 65 號 1 樓
**獨立作家讀者服務部** 收

（請沿線對折寄回，謝謝！）

姓　　名：＿＿＿＿＿＿＿＿＿＿　年齡：＿＿＿＿　性別：□女　□男

郵遞區號：□□□□□

地　　址：＿＿＿＿＿＿＿＿＿＿＿＿＿＿＿＿＿＿＿＿

聯絡電話：(日)＿＿＿＿＿＿＿＿＿＿（夜）＿＿＿＿＿＿＿＿＿＿

E-mail：＿＿＿＿＿＿＿＿＿＿＿＿＿＿＿＿＿＿＿＿